Das BUCH der SIEGEL

Das Buch der Siegel

Tarot-Meditationen

22 Meditationen über die Ewige Weisheit

P. F. Case
Kommentare von P. F. Case

Danksagung

Unser Dank und unsere Anerkennung gelten dem Autor Dr. Paul Foster Case, der die in diesem Buch wiedergegebenen außergewöhnlich schönen, kabbalistischen Meditationen medial empfangen und an uns weitergegeben hat.
Dr. Paul Foster Case war eine weltweit anerkannte Autorität im Tarot und der christlichen Kabbala. Er hatte sowohl die äußeren wie die inneren Initiationen in die höchsten Grade der Adeptschaft im Lehrsystem der westlichen Mysterien erhalten und war in der Lage, sein Bewußtsein auf die höchsten geistigen Ebenen abzustimmen.
Schon ein kurzer Blick auf die Texte läßt erkennen, daß es sich hierbei um eine Selbst-Erklärung des göttlichen Geistes im Menschen handelt.
Dr. Paul Foster Case war der Gründer der „Erbauer des Adytums", einer gemeinnützigen Organisation, die das Ziel hat, die Erhaltung und Verbreitung der hermetischen Wissenschaften zu sichern. Eine Aufgabe, die die Adepten vor seiner Zeit in seine Hände gelegt hatten.
Dr. Paul Foster Case begann sein Lebenswerk schon in sehr jungen Jahren, da er sich schon früh an seine früheren Leben als kabbalistischer Illuminat und Adept rückerinnern konnte. Seine Lebensaufgabe erkannte er darin, die alten, bis dato geheimen Texte und Techniken des Tarot und der Kabbala (esoterischen Lehren der zeit-

losen Weisheiten) zu übersetzen, auszubauen und in eine dem heutigen Menschen verständliche Sprache zu bringen. Damit haben auch wir und kommende Generationen die Möglichkeit, die zeitlosen Methoden der Initiation der westlichen esoterischen Tradition anzuwenden und diese Unterstützung auf dem Weg zur Befreiung und Erleuchtung einzusetzen.

Wir danken dem Orden „Erbauer des Adytums" B.O.T.A. 19, rue Turgot F-75009 Paris
für die Genehmigung zur Veröffentlichung dieses Werkes und allen, die durch ihren Einsatz, z. B. bei der Übersetzung, an der Herausgabe des Werkes beteiligt waren.

Es ist uns eine große Ehre und auch Verantwortung, das uns von Dr. Paul Foster Case hinterlassene Werk weiterzuführen und seinen außergewöhnlichen Beitrag zur geistigen Entfaltung der Menschheit dem modernen Menschen in einer Zeit des Umbruchs näherzubringen.
Möge dies ein Beitrag zur Entfaltung des Menschen vom „Homo sapiens" zum „Homo spiritualis" sein und damit zu einer Welt in Freiheit und Brüderlichkeit.
Wir informieren Sie gern über unsere Lehrbriefe und Bücher zu den Themen Tarot, esoterische Psychologie, geistige Alchemie, heilige Kabbala.
Wenden Sie sich bitte direkt an:
Erbauer des Adytums B.O.T.A. 19, rue Turgot F-75009 Paris

1. Auflage 1995

Vertrieb:
Context+GmbH, Postfach 10 18 49, 33518 Bielefeld,
Tel. 05 21 / 17 28 75, Fax 6 87 71

ISBN 3-931089-00-2

INHALT

MÖGE DAS GÖTTLICHE LICHT

ALLEN LEUCHTEN,

DIE DURCH DIESES BUCH DER SIEGEL

MIT DEM UNAUSSPRECHLICHEN

IN BERÜHRUNG KOMMEN!

PROLOGOS

Höre, oh Mensch, MEINE Stimme
Und lausche MEINER Unterweisung.

MEIN Wort wird vor Dir hergehen,
Wie eine Feuersäule
Soll MEIN Wort Dich führen
In der Nacht,
Gleich einem Wolkenturm
Sollst Du ihm folgen bei Tag.

Wende Dich nicht ab,
Erbleiche nicht,
Es wird Dich führen zu einem Land,
In dem die Milch des ewigen Lebens fließt
Und der Honig der unbefleckten Weisheit.

א

MEDITATION über ALEPH

1. ICH BIN,
Ohne Anfang, ohne Ende,
Älter als Tag und Nacht,
Jünger als das neugeborene Kind,
Strahlender als das Licht,
Dunkler als die Nacht,
Jenseits aller Dinge und Geschöpfe,
Dennoch verwurzelt im Herzen
Eines Jeden.

2. Aus MIR entspringen die leuchtenden Welten,
Zu MIR kehren sie schließlich zurück.
Doch dürfen weder Menschen noch Engel
sich MIR nahen,
Denn ICH BIN nur MIR selbst bekannt.

Unwandelbar ist MEIN innerstes Sein,
Das absolute Eine, Vollständig, Vollkommen, Heil –
Immer das Eine, Ewig, Unendlich,
Das Erste und das Letzte,
Formlos, Unteilbar, Unveränderlich.

3. ICH BIN der Ursprung von Allem, was ist,
ICH BIN der Ablauf und das Ende.
ICH BIN der Same
ICH BIN das Wachstum
ICH BIN der Verfall.
ICH BIN es, der alles Geschaffene hervorbringt;
ICH BIN es, der alles erhält,
Solange es sich getrennt von MIR wähnt.
Und wenn der Traum des Getrenntseins endet,
Bin ICH es, der die Rückkehr
Zu MIR bewirkt.

ICH BIN das Leben
Und das Rad des Gesetzes.
ICH BIN der Weg,
Der hinter die Dinge führt.
Nichts gibt es Außer MIR.

4. ICH BIN
Das Feuer des Geistes,
Welches sich teilt in höhere und niedere Naturen,
Das, um herabzusteigen,
Den Mantel des Fleisches anlegen muß.

ICH BIN
Das Lebensprinzip
Von allem , was ist.
Nichts gibt es, das nicht lebt,
Die Quelle bin ICH allen Lebens.

Also steht geschrieben:
„Erst der Stein,
Dann die Pflanze,
Dann das Tier,
Dann der Mensch."

Doch vor dem Stein bin ICH das Feuer,
Gleichmäßig verteilt,
Alles im Raum erfüllend.
Es ist in Allem.
Doch vor dem Feuer, in ihm verborgen,
Bin ICH das reine Wissen,
Dem alles, was Form hat, entspringt.

5. Außerhalb von MIR
Gibt es weder
Weisheit, Verständnis, noch Wissen.
Verborgen bin ICH

Auf jeder Stufe des Wissens,
Im Irrtum wie in der Wahrheit.
ICH BIN
Die Unwissenheit
Der Verwirrten nicht weniger
Als die Weisheit der Seher.
Denn was Unkenntnis und Torheit Euch dünkt,
Ist dennoch reines Wissen -
Lückenhaft offenbart
Durch unvollkommene Darstellung
MEINER Göttlichen Vollkommenheit.

Wehe denen,
Die MEINE unvollendeten Werke verdammen!
Wahrlich, die sich zu urteilen anmaßen,
Sind selbst unvollkommen.
Durch leidvolle Prüfung müssen sie gehen,
Bevor die hehre Schönheit MEINER Weisheit
Aus ihren Herzen leuchtet -
Dem Lichte gleich,
Das durch eine Alabasterlampe scheint.

6. ICH BIN es,
Der Alles bewirkt.
Nichts rührt sich ohne MEINE Kraft.
MEIN ist die Heilkraft,
Die aus geweihten Händen fließt,
MEIN die Bosheit
Im Giftzahn der Natter.
Nichts fällt ohne MEINEN Willen,

Und in allem,
Was sich erhebt,
Bin ICH die treibende Kraft.

7. Durch MEINE Gegenwart
Haben alle Dinge Bestand.
ICH BIN
Der jungfräuliche Schnee
Auf den Bergeshöhen.
ICH BIN
Der fruchtbare Boden
In der Talsenke.
ICH BIN
Das Gold und Silber
Der Tempelgefäße.
ICH BIN
Der Staub auf den Schuhen am Tempeleingang,
Welche die Gläubigen zurückließen.
Sieh MICH an
Und erblicke MICH
Gleichermaßen in allem, oh Mensch,
Dann wirst Du wahrhaft sehen...

8. Derart sehend geworden,
Wirst Du erkennen,
Daß nichts MIR feindlich gegenüberstehen kann -
Der ICH alles bin in allem -
Sollte ICH MICH selbst bekämpfen?
Wo ist die Kraft,

Die MICH,
Den Ursprung aller Kraft,
Hindern - ja, bezwingen kann?

Wisse denn,
Daß alle Deine Konflikte
Nur Schattenspiele sind,
Entsprungen der Unwissenheit.
Harre MEINER,
Der ICH Dein Gott bin,
Mit Geduld!
Und zur gegebenen Zeit
Werde ICH erhellen, was noch dunkel ist.
Wo jetzt noch klafft
Des Grauens Abgrund,
Werde ICH erstehen lassen
Vor Dir einen sicheren Pfad -
Wahrhaft und unfehlbar.

9. ICH BIN
Der Anfang aller Anfänge,
Nicht begrenzt von Zeit und Raum,
Ungebunden an Namen und Form.
Überall anwesend,
Zentriert in der Vollkommenheit
MEINER unerschöpflichen Kraft.
ICH BIN
Dein Gott, oh Mensch,
Und Herr unzähliger Heerscharen...

Suche nach MIR im Allerheiligsten,
Im Herzen des wahren Tempels,
Auf dem heiligen Berg.
Wahrlich,
ICH BIN bei Euch alle Tage,
Und ruhe nie!

10. ICH BIN die Höhe über allen Höhen -
Gleichermaßen MICH erstreckend in alle Tiefen;
Ewig ruhend im vollkommenen Gleichgewicht
Zwischen Hohem und Tiefem.
Erfasse MICH unter dem Zeichen ALEPH -
Dort wirst Du beides finden,
Höhen und Tiefen, Und nicht zuletzt den Pfad,
Der Abstieg und Aufstieg vereint.

11. Wahrlich
ICH BIN ALEPH,
Der Stier des Sonnenfeuers,
Dessen Strahlung alle Welt erleuchtet,
Dessen Lebensatem sich hebt und senkt
In allen Geschöpfen,
Ob Groß, ob Klein.
Dessen Kraft Gestalt annimmt
In allem Tun der Pflanzen, Tiere, Menschen,
Ja, selbst in dem, was unbeseelt uns scheint...

ALEPH bin ICH,
Der geduldige Lastenträger,
Der stark sein muß,
Zu tragen die schwere Bürde
Einer offenbarten Welt.
ALEPH bin ICH,
Der ewige Arbeiter,
Durch dessen Kraft die Felder bestellt werden,
Durch dessen Leben aller Samen sprießt.

ALEPH bin ICH,
Das Erste und die Wurzel allen Seins.
In MEINEM unergründlichen Willen
Hat das Universum seinen Ursprung.
In MEINER grenzenlosen Weisheit ruhen sie -
Die Urbilder von Allem, was ist.

Ehe die Welten entstanden,
WAR ICH.
In allen Welten BIN ICH.
Und wenn alle Welten
Nur mehr Erinnerung sind,
WERDE ICH SEIN.

ב

1 Der Magier ב

MEDITATION auf BETH

1. In MEINEM innersten Wesen
Bin ICH die Eins,
Immer die Eins -
Unwandelbar, unteilbar.
In MEINEM Sein
Halte ICH verborgen
Die Zehn Lichter der Göttlichen Schöpfung.

In dieser
MEINER unveränderlichen Einheit
Bin ICH das Höchste -
Nichts kommt MIR gleich.
Wenn auch MEINE Ausstrahlung
Im endlosen Wandel
Die Form gebiert,
Bleibe ICH dennoch unberührt das Eine,
In alle Ewigkeit.

2. Wer glaubt,
Daß durch MEIN unveränderliches Eins-Sein
Der Ablauf des Erschaffens festliegt,
Der irrt.
Unwandelbar ist nur MEIN Kern,
Unendlich jedoch die Vielfalt,
In der ICH MICH offenbare.

3. Dem Blinden ist dies nicht verständlich,
Er wird verstört von Worten
Doppelter Bedeutung.
Nicht erkennt er,
Daß MEINE innerste Natur das LEBEN ist -
Und nicht nur bloßes SEIN.

Du kennst MICH nicht, oh Mensch,
Nennst MICH schlichtweg: „Den, der IST".
Vertraut bin ICH nur dem, der von MIR spricht
Als „Dem, der LEBT".

ICH BIN das Leben selbst,
Doch ohne Geist gibt es kein Leben.
So bin ICH die Essenz des Geistes,
Des Kern der reine Wille ist.

Jeder erschaffene Wille
Ist nur Spiegelung MEINES EINEN Willens.
Und das Wesen dieses Einen Willens —
Was ist es anderes als Verlangen?

ICH BIN das Ewige Leben,
ICH BIN das Ewige Sehnen des Lebens nach sich selbst.
Nur darum bringe ICH die leuchtenden Welten hervor,
Nur darum teile ICH MICH,
Werde ICH zur Zwei...

4. Von diesen Zweien
Stellt das Erste die Krone
MEINES reinen Willens dar.
So ist sie, MEINE Höhere Natur,
Nicht von dieser Welt,
Der Welt, die ICH bewußt geschaffen habe.
Und dennoch steht selbst diese Höhere Natur
Noch außerhalb von MIR,
Von MEINEM wahren Sein.
Sie wird MIR folglich
Nur zu BETH,
Zum Haus, das ICH bewohne.
Erstehen ließ ICH diese Stätte,

Um sie zu füllen, zu beleben...
Steht doch geschrieben,
Daß sich das Höchste von der Krone
Unterscheide durch den Namen nur - .

5. In MEINEM Höchsten Tempel
Bin ICH Zuschauer.
Und weil ICH unerschütterlich verharre
In reiner Betrachtung,
Kann der Fluß der Erscheinungen
Seinen Lauf nehmen ...

Alles, was ist, entspringt MEINEM Willen,
Alles, was ist, läuft ab nach MEINEM Willen,
Alles, was ist, erreicht nach MEINEM Willen
sein festgelegtes Ziel.

Wahrlich, im gesamten Universum
Herrscht kein anderer Wille als der MEINE -
Und dennoch nehmen alle Lebewesen daran teil ...

6. Von MEINER Substanz
Erhalten alle Dinge die ihrige,
Und alles, was Form hat,
Entspringt MEINER vierfachen Offenbarung.
Wirken sie doch vierfach,
Die alles durchdringenden Prinzipien,
Die der Weise

Feuer, Wasser, Luft und Erde nennt,
Um sie vor dem Unwissenden zu verschleiern ...

Endlos sind die Abstufungen,
In denen sich diese Vier einander zuordnen,
Um die unendliche Vielfalt
Der Formen hervorzubringen.
Und dennoch wird jede Verbindung
Von MEINEM Willen gesteuert -
So sind denn
Jene Prinzipien bloß Umwandlungen
Der Einen Ur-Substanz,
Aus deren Verschmelzung alles Sichtbare entsteht.

Betrachte ICH
Dergestalt die grenzenlose Mannigfaltigkeit,
Die aus MEINER Einen Ur-Substanz
Hervorgegangen ist,
Verstehe ICH alle
In ihrer Beziehung zueinander.
ICH sehe,
Daß sie ihren Ursprung, ihren Ablauf und ihr Ende
Wahrhaft in MIR Selbst haben - .
Und ICH erkenne, daß alle Dinge
Ihrer wahren Natur nach gut sind,
Ungeachtet des Äußeren Anscheins -
Entspringen sie doch MEINEM eigenen Wesen ...

7. So spiegelt sich denn
MEINE Höhere Natur
Im Geist des Menschen,
Erschaffen nach MEINEM Bilde.
Wisse darum,
Daß ICH die Quelle allen wahren Willens bin.
Wisse,
Daß ICH die Kraft bin,
Mit der Du alle Erscheinungen erfaßt,
So, als stünde ICH außerhalb von Dir,
Der Du sie betrachtest.

Die Kraft in Dir,
Die Deine Augen sehend macht,
Die Dich Dinge klar erkennen läßt,
Die Dich befähigt, Zusammenhänge zu erfassen
Und Dir ihre Beziehungen zueinander offenbart -
Die Kraft, Die Dir das ewige Gesetz
Von Ursache und Wirkung enthüllt,
Ist in Wahrheit MEINE Eigene Höhere Natur.

Wo immer diese Kraft wirkt,
Ob in hoher oder niederer Form,
ICH allein bin Ihre Quelle,
ICH allein der Erkennende.

MEIN, nicht Dein, ist alle Kraft
Zu forschen, zu entdecken, zu erhellen,
Scharfsinnig einzudringen
In Code und Ablauf der Natur.

8. Glücklich bist Du,
Erfaßt Du diese Wahrheit!
Wenn Du verstehst,
Daß nicht Dein eigenes schwaches ich
Die Welt zu deuten sucht,
Sondern, daß es MEIN allwissender Geist ist,
Der vermittels Deiner Augen sieht -
Dann wirst Du den Glauben finden,
MICH willig sehn zu lassen...

Überwinden wirst Du
Die Täuschung der Sinne,
Wenn Du sie MIR völlig überläßt.
Nicht Du, sondern ICH
Bestimme so Gehalt und Wert der Dinge,
Die Deinen Weg kreuzen.
Nicht Du, sondern ICH
Bewerte Duft und Geschmack dessen,
Was Nase und Mund einlassen.
Nicht länger werden schrille Disharmonien
Deine Ohren quälen,
Sondern lieblichste Klänge Dich entzücken,
Wenn Du MIR Dein Gehör erst läßt ...

Dann wirst Du
Teilhaben an der unendlichen Freude,
Mit der ICH das Universum erkunde -
Eine Freude, die all denen unbekannt ist,
Deren Seele noch jung,
Deren Zeit des Erkennens noch nicht gekommen ist.

2 Die Hohepriesterin ג

ג

MEDITATION über GIMEL

1. Nun siehst Du, oh Mensch,
Wie sich aus Liebe zur Schöpfung
Das Eine Leben,
Das ICH BIN, sich zu teilen scheint,
Um zur Zwei zu werden.
Von diesen Zweien
Habe ICH Dir MEINE Höhere Natur,
Die Krone des Höchsten Willens, entschleiert -
Der Heilige Tempel, in dem ICH verweile...

So höre denn,
Auf daß ICH Dir das Mysterium
MEINER Niederen Natur offenbare,
Welches im Baum des Lebens
Als Sephirah der Weisheit auftritt.

2. Wisse
Daß beide gleichen Wertes sind,
Obschon sie sich auch teilen
In ein Höheres und ein Niederes.
Steht doch geschrieben:
„Das, was oben ist, ist auch unten,
Und das was unten ist, ist auch oben."

Laß Dich nicht irreführen
Von falschen Lehren,
Die MEINE Niedere Natur als minderwertig,
Unzulänglich gar betrachten.
Sind beide Naturen doch die Schalen einer Waage,
Das Niedere dem Höheren
An Kraft und Wertung gleich,
Hat jedes seine eigene Qualität.
Beide haben ihren zugeteilten Spielraum,
Ohne die andere kann die eine nicht sein.
Im Zusammenklang jedoch
Bestehen sie von Ewigkeit zu Ewigkeit.

3. MEINE Niedere Natur -
Das ist die universale Substanz,
Der Göttliche Spiegel,
In dem ICH MICH,
Der ICH im Herzen aller Dinge bin,
Spiegelnd schaue...

Der Unwissende hingegen
Verwechselt diese Spiegelung mit dem,
Was gespiegelt wird -
Wie einer, der ein im Kristall sich spiegelndes Zimmer sieht und glaubt, er sähe das Zimmer selbst -.
Darum scheint ihm MEINE Niedere Natur
Primärer zu sein, als MEIN Höchster Wille.
Erfasse nun,
Daß das, was sich im Weisheitsspiegel offenbart, -
Weil ursprünglich- tief inwendig ist,
Es aber dennoch seinen Platz im Äußeren,
Im Reich der sekundären - weil erschaffenen -
Dinge hat.

4. Da die Substanz,
Der alles Geschaffene entspringt,
Der Mittler für MEIN Innerstes Wesen ist,
Verhält sich MEINE Niedere Natur zur Höheren
Wie das Passive zum Aktiven,
Wie die Frau zum Mann,
Wie Eva zu Adam.
So dient dieselbe Weisheit als Quelle und Wurzel
Für jeden Lichtstrahl,

Der – vom Baum des Lebens ausgesandt –
Seinen Weg nimmt...

Deshalb sprechen viele Schriften
Von der Weisheit auch als Frau.
Man sagt: „Die Weisheit habe ihr ein Haus gebaut“,
Hingegen nennen andere die gleiche Weisheit
„Ab“, den Vater.
Nie findet man die Himmlische Weisheit als Mutter,
Ist sie doch die jungfräuliche Substanz aller Dinge,
Deren Reinheit nicht befleckt werden kann.

5. Erinnere Dich jetzt,
Daß ICH das reine WISSEN bin,
Aus dem alle Schöpfung kommt.
Vergegenwärtige Dir stets,
Daß MEINE Höhere Natur
Der Höchste Wille ist,
Der Ewige Betrachter,
Unter dessen Auge der Strom der Schöpfung
Seinen Lauf nimmt...
Die Substanz dieses Stromes
Ist MEINE Niedere Natur,
In der ICH unzählige Spiegelungen
MEINER Selbst erblicke -
ICH BIN in allem,
Ob groß, ob klein.
Was immer ist,
Gleicht einer Welle auf der Oberfläche
Dieses Stromes, die

– wesensverwandt mit allen anderen Wellen –
Teilnimmt an seinen besonderen Eigenschaften.
Das Ganze wiederum ist Spiegelung
MEINER Selbst -
Die Wurzel aller Erinnerung.

6. Die Schöpfung ist die Chronik
MEINER stets wechselnden Offenbarung.
In diese Schöpfung –
in alles je Geschaffene,
Ist die vollständige Geschichte
Des Universums eingeschrieben.
Nichts besteht, was den Abdruck
Meines Wirkens nicht trägt...
So auch der Mensch,
Ist er doch Teil des Flusses
MEINER Niederen Natur.
Auch er nimmt Anteil
An MEINEM vollkommenen Gedächtnis,
Welche die Quelle ist jeglicher Erinnerung
Und die Wurzel aller Weisheit der Menschheit.

7. Höchste Weisheit erlangt der,
Der MICH zu kennen trachtet.
MICH zu kennen ist das Ziel allen Suchens,
Aller Arbeit, aller Hingabe.
Von selbst fällt dem, Der MICH kennt,
Die Erkenntnis aller niederen Dinge zu -
Bin ICH es doch, der sie erschaffen hat.

Nutzlos ist das bloße Wissen
Dieser sekundären Dinge,
Solange es nicht auf der Erkenntnis
MEINER Höheren und Niederen Natur beruht...

Deshalb steht geschrieben:
„Denke an MICH, Deinen Schöpfer,
Solange Du jung bist,
Und Du wirst ein langes Leben leben".

Wer sich MEINER ständig vergegenwärtigt,
Eint sich mit dem alldurchdringenden
Prinzip des ewigen Lebens.

8. MEINE Niedere Natur stellt das Bindeglied dar
Zwischen MIR und allem Geschaffenen.
Es ist wie GIMEL, das Kamel,
Welches den Menschen sicher durch die Wüste
bringt,
Von Oase zu Oase.
Auch ist es ihm verwandt,
Weil es reiche und kostbare Fracht trägt,
Sinnbild des Reisens und des Austauschs -
So steht denn GIMEL für den Wandel
Und das Verschmelzen der Ideen,
Die im Strome der Erinnerungen
- MEINER Niederen Natur -
Geboren werden...

Glücklich,
Wer GIMEL beherrschen lernt, besteigt;
Bringt es doch den, der es beherrschen lernt,
Näher zu MIR, seinem Herrn, seinem Gott.
Ein solches Unterfangen ist schwer und voller Arbeit.
Die Macht der Erinnerung wird
Mühsam nur bezwungen!
Mut, Kraft und Ausdauer bedarf es,
Um siegreich zu bestehen.
Dann aber werden die Glücklichen,
Gleich Königen und Prinzen, diese Welt bewohnen -
Göttern gleich sogar - in einer Welt von morgen.

ד

MEDITATION über DALETH

1. ICH BIN das Tor des Lebens,
ICH BIN der Durchgang,
Der von der Welt der Ideen
In die Welt der Formen führt.
Um MICH auszudrücken,
Muß ICH Gestalt annehmen.
Die Kraft jedoch, die in diesem Werden wirkt,
Ist die überragende Macht
MEINER ausströmenden Ideen...

2. Bedenke wohl, oh Mensch,
Welch Wissen Du von MIR hast
In Deinen Heiligen Buchstaben -
Mit Ihnen wurde, wie geschrieben steht,
Das All erschaffen...

3. In ALEPH
Offenbare ICH MICH als
Die Quelle des Ewigen Lebens,
Der Aufgabe gewidmet,
Die schwere Last der Schöpfung zu tragen.

In BETH
Erkennst Du MICH als der Höchste Wille.
Indem ICH vorab
Die Grenzen des Universums bestimme,
Werde ICH Selbst zur Wohnstätte für alles, was ist.
Darum steht geschrieben:
„Herr Du warst unsere Zuflucht
Von Geschlecht zu Geschlecht,
Ehe sich die Berge erhoben,
Ehe die Erde entstand und die Welt."

In GIMEL
Leuchtet MEINE vollkommene Weisheit,
Die alle scheinbaren Gegensätze vereint.
Dergestalt schafft sie das Gleichgewicht
Aller widerstreitenden Kräfte der Schöpfung.

4. In DALETH
Siehst Du MICH als Pforte,
Durch die das ewige, unbegrenzte Leben
Eintritt in die Welt
Des Endlichen und Gebundenen.

Das große Tor ist BINAH,
BINAH wiederum ist AIMA,
Die fruchtbare Mutter von allem, was lebt.
Sie ist die „Begehrenswerte“,
Das „Köstlich Ding“, -
Heißer umworben als Gold und Edelstein.

Sie ist beides,
Vater und Mutter,
Denn ihre Fruchtbarkeit entspringt
Dem YOD der Höchsten Weisheit.

5. Sie ist der Gedanke,
Der den Plan des zu Schaffenden entwirft.
Sie spinnt das Netz
Der sichtbaren Erscheinungen,
Das den Geist der Unwissenden umgarnt;
Dem Weisen aber,
Der das Geheimnis ihres Netzes lüftet,
Schenkt sie unbegrenztes Erkennen.

Sie hält die üppige Fülle
Des Tetragrammaton verborgen,
Des Unaussprechlichen,

Dessen Name zu Heilig ist,
Als daß er je ertönen dürfte.
Unter dem Torbogen
Der verwirrenden Vielfalt aber
Steht verhüllt der Sohn,
Der in allem und von allem ist.

6. Dies ist der Durchgang des Lebens
Und der Form, durch den Konflikt und Tod
Nun Zugang zu uns haben.
So steht im Zahlenwert von DALETH
Schon geschrieben, daß
DLTh 434, also 11, ergibt,
Was wiederum die Hälfte,
Die Teilung von 22 ist,
Die stellvertretend für den vollen
Kreis der Schöpfung steht.
Aus diesem Grund bedeutet
Tor auch Trennung -
Sowie das Aufeinanderprallen zweier Kräfte.
Ist doch zu lesen, daß
Der Herr ein „Mann des Krieges“ sei -
Ein Wort, das uns den Weg
Zu DLTh, DALETH, weist...

7. ICH BIN
die Erkenntnis der Weisen,
In MIR hat die Blindheit der Unwissenden
Ihre Wurzel.

MIR entspringen alle Seinszustände -
Das Gute ebenso wie das Schlechte.
So wie ohne einengende Begrenzung
Keine befreiende Überwindung
Entstehen kann,
Gibt es auch keine Schöpfung,
Die nicht den Anschein
Des Bösen in sich trüge...

8. Alles Geschaffene hat seinen Ursprung
Im Unendlichen Leben.
Allein um des sichtbaren Ausdrucks willen
Steigt das Leben herab in Zeit und Raum.
Und das, was in Wahrheit weder
Anfang noch Ende hat,
Erscheint uns,
Als würde es geboren,
Um zu sterben.

Durch diesen Schein werden
Die Unwissenden irregeführt,
Diejenigen, denen das Licht
MEINER Weisheit noch nicht dämmert.
Aus dieser Selbsttäuschung
Wird ein falsches Sehnen geboren,
Was wiederum zu falscher Handlung führt.

Niemals jedoch
Kann MEINER Macht Unzulängliches erwachsen...
So bin ICH es,

Der in Wahrheit im Verirrten wirkt,
Mit gleicher Kraft in ihm,
Wie auch im Weisen.

Und dennoch werden
Die Feuer des Schmerzes und des Leidens,
Das sie in ihrer Unwissenheit noch schüren,
Zur gegebenen Zeit ein Ende haben.
Wenn sie von den Schlacken der Täuschung
Gereinigt sind,
Werden sie dastehen als
Strahlende Abbilder
Meines Goldenen Selbstes.

9. MEINE schöpferische Kraft
Ist die Projektion MEINER Selbst,
Wenngleich sie den Anschein erzeugt,
Als sei sie eine andere, eigenständige Macht...
Wisse aber, oh Mensch,
Daß es nichts gibt, was ICH nicht bin.
ICH allein bin der Erkennende
Und der Wirkende -
Der eine ICH BIN,
Ob allein und unoffenbart,
Oder in der Vielfalt der
Sichtbaren Schöpfung erscheinend.

10. Die ursprüngliche Kraft MEINER Ideen
Verweilt unaufhörlich in ATZILUTH.

Von dort ergießt sie sich
Durch das Tor des Verständnisses
In die drei niederen Welten.
Darum steht geschrieben:
„Durch sein Verstehen
Hat Er die Himmel erschaffen".
ICH BIN der fruchtbare Schoß,
Dem alle Geschöpfe entspringen.
ICH BIN die Mutter aller Mütter,
Weshalb gefordert wird:
„Ehre Vater und Mutter,
Auf daß Du lange lebest im Land,
Das Gott, der Herr, Dir gegeben hat".

So bin ICH denn Dein Vater
Und ebenfalls Deine Mutter.
Ehre MICH, Deinen Lebensspender
Und Du wirst Herrscher,
Selbst über den Tod.

ה

MEDITATION über HEH

1. Welche Erscheinung
Du auch wahrnimmst -
Erkenne MICH als ihr innerster Kern,
Als ihre innere Natur,
Als die dahinterstehende Idee...

Solches Erkennen bringt die Weisen
Auf verschiedenen Wegen zurück zu MIR,
Sind die einzelnen Wege
In Wahrheit doch der Eine Pfad.

Wenn es Dir gelingt,
In die innerste Natur
Selbst unscheinbarer Dinge vorzudringen,
Wirst Du MICH dort finden.
Dies ist der Schlüssel zum Geheimnis
Der heiligen Buchstaben.
So hefte Deinen Blick beständig
Auf die Aussage des jeweiligen Buchstabens,
Meditiere eingehend über ihn;
Und das innere Wesen des Gesagten
Wird Dir offenbar.
Auf diese Weise wirst Du Dich
Bis zu einem bestimmten Punkt
MIR nähern.

2. Richte nun Deinen inneren Blick
Auf die verhüllte Wesenheit von HEH.
So wie ICH die Essenz,
Die innere Natur
Von Stier, Haus, Kamel und Tür bin,
So bin ICH gleichfalls die Essenz,
Die innere Natur, die Idee eines jeden Fensters.

Wenn Du in völliger Gelassenheit
Die innere Natur eines Fensters betrachtest,
Wirst Du die Verwandtschaft mit dem Wesen einer Tür
Leicht erkennen,
Handelt es sich doch gleichfalls um eine Öffnung
In der Wand eines Hauses.

3. Das Haus ist KETHER,
Die Krone des Höchsten Willens.
Und die Tür ist BINAH,
Das Tor des Verstehens.

Die Idee der Tür
Verhält sich zum Bau des Hauses
Wie die Idee des Fensters
Zum Erstehen der Tür.

Deshalb sagen die Kenner
Der Geheimen Weisheit,
Daß CHESED, der Weg der Wohltätigkeit,
Seinen Ursprung in BINAH,
Dem Tor des Verstehens hat;
Vergleichbar der Idee des Fensters,
Die der Idee der Tür entspringt.

Und weil MEIN Verstehen
Das geheime, innere Wesen,
Von allem was ist, erfaßt, bin ICH gnädig.
MEIN liebevolles Verstehen ist die
Frucht dieses Unterscheidungsvermögens.

4. Nochmals:
Ein Fenster kommt aus dem gleichen Grund
In die Wand eines Hauses,
Wie das Auge in den Kopf;
Auf daß die Bewohner Anteil nehmen können,
An allem, was in der Außenwelt geschieht.
So steht im Buch der Schöpfung geschrieben,
Daß HEH im Einklang mit der Sehkraft steht;
Dies wiederum bezieht sich auf MEIN Schauen,
Das sich von Deinem dadurch unterscheidet,
Daß niemals ihm etwas entgeht.
Wenn ICH schaue,
Erkenne ICH alle Dinge in ihrem wahren Licht.

Darum steht geschrieben:
„Die Augen des Herrn sind überall,
Im Guten wie im Bösen".
Und da ICH,
Der ICH das Haus des Höchsten Willens bewohne,
Alle Dinge so sehe, wie sie wirklich sind,
Haftet MEINEM Sehen kein Makel an.
Dergestalt schauend, verstehe ICH alles,
Und weil MIR nichts verborgen bleibt,
Darum bin ICH gnädig.

5. Der Weg MEINER Gnade aber
Bleibt dem Unwissenden verschleiert,
Da sie an MEINER vollkommenen Schau
Nicht teilnehmen können.
Es ist leichter,

Den Flug eines Adlers zu verfolgen,
Als MEINE Art des Sehens zu verstehen,
Erhebt sich dieser Flug doch
Über menschliches Verständnis.
So kann man lesen:
„Wahrlich,
ER geht neben mir und ich sehe ihn nicht.
ER geht vorüber und ich erfasse ihn nicht".
Gleichwohl, oh Mensch,
Schlummert das Geheimnis dieses Weges
In Deinem Busen!

6. So ist MEIN Weg der Weg des Wortes -
Des Wortes, das verhüllt im Herzen ruht.
Dies ist das schöpferische Wort,
Das alles Erschaffene ins Leben ruft.
Hier liegt das Geheimnis,
Verbirgt doch der Buchstabe HEH das WORT,
Das WORT, das wahrlich Schau ist,
Wie auch Stimme ...
Vision und Sprache sind für MICH wie eines,
Nicht trenne ICH die beiden,
Fürwahr, zum Ausdruck bring ICH MICH,
Indem ICH schaue ...

Den Unwissenden bleibt das Herauskommen
Des schöpferischen Wortes
Nebelhaft verschwommen.
Sie erkennen nicht,
Daß alles Sichtbare von einem Schleier umgeben ist,

Der ihnen MEINE wahre Natur verbirgt.
Verborgen und unfaßbar
Ist MEIN innerstes Wesen,
Von dem die Weisen sagen,
Daß es mit 7 Siegeln versiegelt sei ...

7. Am Tag,
Wenn Deine Sinne mit vielen Dingen beschäftigt sind,
Siehst Du MICH - wenn überhaupt -
Nur so, wie MICH Deine Vorväter sahen,
Unklar und verschwommen,
Wie ein Wolkensäule,
Die vor Dir herzieht.

Bei Nacht jedoch,
Wenn sich Deine Sinne in sich zurückgezogen haben,
Wenn Dein Geist nicht länger abgelenkt wird
Von der Vielfalt der Erscheinungen,
Erkennst Du MICH klarer,
Dann siehst Du MICH
Wie eine Feuersäule aus lebendigem Feuer.

Wahrlich,
Alle Dinge werden sich zum Besten für Dich wenden,
Wenn Du diese Worte verstehst,
Wenn Du die wahre Natur
Von Tag und Nacht begreifen lernst.

8. Niemand sah MICH
Je von Angesicht zu Angesicht,
Bin ICH doch der Vorläufer von allem was ist.
Folglich BIN ICH Dir, oh Mensch,
Auf dem Weg des Lebens immer einen Schritt voraus.

So sei der Menschheit gesagt,
Was schon Moses kundgetan wurde:
„Du wirst MEINEN Rücken sehen,
Niemals aber MEIN Angesicht“.

Wie weit Du immer gehen magst -
ICH war bereits schon dort,
Deshalb wirst Du MICH nie sehen als das,
Was ICH BIN,
Sondern nur in dem, was ICH vollbracht habe.
Der Weise erfaßt MICH in MEINEN Werken.

9. Niemand versteht MICH als Vater,
Bis daß er in MIR die Mutter erkennt,
Die allen Dingen das Leben schenkt.
Darum folgt im Alphabet das HEH dem DALETH-
Als Zeichen und Symbol dieser Wahrheit.

So wie AIMA, die Mutter,
In sich das YOD von AB, dem Vater trägt,
Birgt HEH das gleiche väterliche Yod,
Denn HEH in seiner Vielfalt ist die Nummer Zehn -
„Die Mutter, in der die Schöpfung stattfand“,
Wie die Weisen es umschreiben.

So ist nun HEH Bestandteil
MEINER väterlichen Gnade,
Weil die Vier, die unter Chesed uns erscheint,
In sich die Zehn enthält -
Die auch im Worte „Fenster“ sich verbirgt.

Es ist diese unerschöpfliche Gnade,
In der die Schätze des Königreichs verborgen liegen,
Des Königreichs, das die Zehn ist,
Die Zehn, die CHESED in sich trägt ...

10. Sieh MICH darum als väterliches YOD,
Das der gesamten Schöpfung Leben gibt.
Nicht mit der Hände Kraft
Wurde dieses Universum einst erschaffen,
Von dem Du beides gleichzeitig bist -
Ein Teil von ihm und doch das Ganze -
Fürwahr, es wurde gezeugt!

Alles was ist,
Wurde aus MEINER Substanz erschaffen,
Großzügig schenke ICH MICH allem und jedem.

Jene kennen MICH wahrhaftig
Die erfassen, daß schöpferische Zeugung
MEINE wahre Natur ist.

MEIN Höchster Wille ist es,
Frucht zu tragen -
So ist das Universum nichts anderes,
Als Ausdruck dieses Willens ...

11. Schon in der Schöpfungsgeschichte lesen wir:
„Am Anfang war das Licht".
Und die Weisen aller Zeiten wußten dies
Von Anbeginn.
Sie ehren MICH mit Weisheit,
Indem sie ihr Angesicht nach Osten wenden -
Ist doch die Dämmerung des Lichts gleichermaßen
Allen MEINEN Werken eigen.

12. Die gesamte Schöpfung
Ist nichts anderes, als eine
Ausstrahlung dieses Unendlichen Lichtes,
Das ICH BIN;
Niemals jedoch wird ein Sterblicher
Zur Quelle dieser Göttlichen Strahlkraft vordringen,
Noch vermag er je, MICH zu erfassen.
Wer glaubt,
MICH in einem Gedankennetz umfassen zu können,
Für den bin ICH der ewige Flüchtling.
Obgleich ICH MICH jeder Verfolgung entziehe,
Verkörpere ICH dennoch Quelle und Kraft
Selbst derer die MICH suchen ...

Wahrlich,
ICH BIN das Brot des Lebens
Für alles, was lebt.
Das Brot, das Du ißt, ist MEIN Leib.
Der Wein, den Du trinkst, ist MEIN Blut.
Und weil die Schöpfung
Mit Hilfe des Buchstabens HEH stattfand,

Ist er die Basis alles Erschaffenen.
Er ist der Stoff aus dem alle Formen sind,
Das Mittel zur Versorgung jeden Bedarfs.

13. All dies bin ICH .
Niemand kann MICH jemals gedanklich fassen.
Wer aber seine Hand auf etwas legt -
Ob dies Ding verachtet, oder hochgeschätzt wird,
Das ist gleich – und spricht:
„Hierin wirst Du Gott finden,
Wenn Du zu sehen Augen hast“,
Der antwortet recht,
Wenn man ihn fragt, wo Gott denn sei ...

5 | Der Hierophant | ו

ו

MEDITATION über VAV

1. Als Jener, der alle Dinge in der sichtbaren Welt
Miteinander verbindet,
Werde ICH denn VAV, der Nagel, genannt.
Da ICH alles und in allem bin,
Wirke ICH als das Bindeglied,
Welches alle Wesen der offenbarten Schöpfung eint.

Im gesamten Universum
Ist nichts abgetrennt vom Ganzen.
Durch unsichtbare Fäden
Ist alles mit allem verwoben.

2. Hinter den verschiedenen Existenzen
Steht die Einheit Meines Wesens,
Die netzförmig alles Geschaffene
Miteinander verknüpft.
Nichts steht für sich allein,
Alles ist mit allem verbunden.
Dadurch, daß die Dinge Gestalt annehmen,
Ist das eine scheinbar vom anderen getrennt.
Indem ICH MEINE Macht offenbare,
Scheint das von MIR Erschaffene
Anders zu sein als ICH Selbst.

Da ICH aber wahrhaft unbegrenzt bin,
Biete ICH MIR MICH Selbst
In unendlicher Vielfalt an.
So ist die Unterteilung in Arten und Klassen,
Das Gesondertsein aller Wesen,
Nur eine scheinbare Trennung -
Eine Täuschung, der ICH nie verfalle,
Und auch nicht jene, denen
Das Licht MEINER Weisheit scheint.

3. Unerforscht, nicht faßbar
Ist die Tiefe meines Innersten Wesens.
Aus dem unergründlichen Abgrund
Dieses Nicht-Seins
Erhebt sich MEIN Ewiger Wille.
Das Erheben dieses Meines Willens ist es,
Der die Dinge aus der Welt des Nicht-Seins
In der Welt des Seins erstehen läßt...

4. So ist denn dieser Wille
Ausgangspunkt für alles, was ist.
Indem er Gestalt annimmt,
Begibt er sich auf die Suche nach sich selbst,
- Ist dieser Wille doch
ein Sehnen, ein Begehren, ein Hunger ... -

Und da sich MEINE Innerste Natur
Stets gleich bleibt,
Ändert sich auch dieses tiefe Sehnen nicht.
Es ist vielmehr ein Ziel, das unumstößlich festliegt,
Beschlossen schon vor Beginn der Schöpfung -
Bestimmt und besiegelt durch MEINE Weisheit.

Diese tiefe Sehnsucht ist es,
Die die Grenzen des Universums entstehen läßt;
Den Kreis um alles Geschaffene,
Um alles Sichtbar-Gewordene schließt,
Das aus der unendlichen Tiefe
Des Nicht-Seins geboren ist ...

So ist nun dieses Sehnen
Die Wurzel der Gewissenhaftigkeit,
Des Ernstes, der Strenge, also GEBURAH.
Sie, die die Freiheit des Nicht-Seins einschränkt
Und damit den Anschein des Gesondertseins
Und der Begrenzung schafft.

5. In VAV erblicken wir somit
Das vollkommene Symbol dieser Strenge.
Sie weist - gleich der Spitze eines Nagels -
Auf Schärfe und Genauigkeit hin.
Und wie der Nagel die Teile eines Hauses
zusammenfügt,
So verbindet diese Sehnsucht nach der Schöpfung
Und allem was ist,
Die einzelnen Teile des Universums -
Der Stätte, die ICH bewohne.

6. Diese Geheimnisse, oh Mensch,
Sind schwerlich nur zu fassen.
All Dein Suchen reicht nicht aus, Sie zu verstehen -,
Es sei denn,
daß Du auf die rechte Art und Weise suchst;
Steht doch der Weg zum Verständnis all denen offen,
Die sich beharrlich auf ihm mühen.

Dieser Weg ist der Weg des Herzens,
Auf dem Du getreulich Führung findest,
Solange Du nach innen lauschst ...

7. So ist auch jener Aspekt Meines Wesens,
Der sich jetzt unter VAV enthüllt,
Erfüllung und Verheißung ewigen Lebens.

Indem ICH dergestalt
Die einzelnen Teile MEINER Schöpfung eine,
Offenbare ICH MICH als Bindeglied
Einmal zwischen Geschöpf und Geschöpf,
Zum anderen zwischen Geschaffenem und seinem
Schöpfer.

Der Schöpfer bin ICH SELBST,
Ebenso der Nagel, der Dich mit MIR verbindet,
Immer bin ICH in Dir,
Wende Dich nur nach innen -
Und Du wirst MICH finden.

Schließe Deine Ohren
Vor der Welt der Konfusion
Die Dich umgibt.
Öffne Deine inneren Ohren
Und suche MICH voll Inbrunst.
Wahrlich, Dein Sehnen
Entspringt keinem anderen als MIR
Und das, was Dich suchen läßt,
Ist dasselbe tiefe Sehnen,
Das Dich geboren hat und
Auch die vier Welten schuf
Und alles, was darinnen ist.

8. Dein Verlangen nach MIR
Ist in Wahrheit MEIN Verlangen nach MIR Selbst!
Und dieses MEIN Begehren,
Das Du jetzt für Dein eigenes Trachten
Nach Weisheit und Verständnis hältst,
Wird nicht vergeblich sein.
So wisse,
Der Du diese Worte liest oder vorgelesen hörst,
Wisse, daß Du zu MIR kommen wirst!

9. ICH BIN es,
Der alle Mysterien entschleiert.
Keinen Menschheitslehrer gibt es außer MIR.
So sind es denn auch MEINE Worte,
Die Du hier liest.

ICH rief Dich her zu MIR,
Um Dich zu unterweisen.
Und ob Du bereit bist oder nicht,
Wisse, daß Du durch das bloße
Lesen oder Hören dieser Worte
Bewußt für alle Zeiten mit MIR verbunden bist...
Heute noch magst Du MICH verneinen,
Magst MEINE Worte mit Verachtung strafen,
Doch laß Dir sagen,
Von nun an wird Dich
MEINE Stimme in alle Ewigkeit begleiten.
Sie wird Dich lehren, während Du schläfst;
Ja selbst im geschäftigen Alltag wird sie unerwartet
An Dein inneres Ohr klingen...

10. Auf ewig bist Du MIR verbunden,
Und in einem Tag,
Einem Monat, einem Jahr,
Einem Leben oder in hundert Leben
Wirst Du es erkennen,
So wie ICH erkannt habe.
Und wenn Du dieses Ziel erreicht hast,
Was ist dann schon ein Tag,
Ein Monat, ein Jahr,
Ein Leben oder hundert Leben?
Für die, die zu MIR kommen,
Hat die Zeit zu bestehen aufgehört.

Wenn Du das Ziel erreicht hast,
Wird Deine Mühe vergessen sein.

6 | Die Liebenden | ז

ז

MEDITATION über ZAIN

1. ICH BIN
   Das Schwert des Verstehens,
   Welches im Morgenrot der Schöpfung
   Das Licht vom Dunkel scheidet ...

2. Denn nicht durch Verdopplung
   Wird die Vielfalt alles Geschaffenen
   Ins Leben gerufen,

Bin ICH doch die Quelle von allem was ist -
Die Eins, einzig und allein,
Weshalb geschrieben steht:
„Außer mir ist nichts, was ist“.

Wahrlich,
Der Anfang aller Dinge ist die Teilung.
So sagt uns denn auch Moses:
„Am Anfang schied der Elohim den Himmel von der Erde“.

3. Der Unwissende sieht MEINE Schöpfung
Folglich als etwas außerhalb von MIR Stehendes an,
In das ICH nicht einzudringen vermag.
Der Weise hingegen erkennt,
Daß alles Sichtbare nur Teil meines eigenen Wesens ist,
Erschaffen MIR zur Freude,
MEINER unbegrenzten Fähigkeit,
MICH Selbst zu spiegeln ...

Die Macht dieser verborgenen Weisheit
Wird die „Mutter“ genannt,
Ist es doch die Macht des Verstehens,
Die Macht der Elohim.
Denn in BINAH, dem Verstehen,
Thronen die Elohim,
In BINAH werden sie verehrt.

MEIN sind alle Throne,
MEIN die Macht der Elohim,

So werde ICH,
Den die Menschen „Vater“ nennen,
Von den Weisen als „Große Mutter“ angesehen,
In deren Namen sich ebenso der Name des Vaters,
Wie der des Sohnes verborgen hält.

4. Dieser Name ist das scharfe Schwert,
Mit dem sich das Eine, das ICH BIN,
Aufteilt in die Vielfalt ...

So ersteht dies scharfe Schwert aus BINAH.
Mit der ihm eigenen Fähigkeit zu teilen,
Spalte ICH dann MEINE Einheit auf
Und werde zur Zwei,
Zum Vater und zur Mutter.

ZAIN läßt uns diesen Vorgang klar erkennen:
Das Schwert der Teilung ist der Ausgangspunkt
von allem,
Der Ablauf setzt sich fort im väterlichen YOD
Und führt am Ende uns durch Zahlenwert
Zum Tor der Mutter.

Versuche nun,
Die Sieben Elohim zu fassen,
Sowie die strahlenden Lichter der Emanation,
Die Zehn Sephiroth.
Dann kommst Du schließlich zu den fünfzig Toren
Von BINAH, dem Verstehen,
BINAH, die da ist AIMA, die Mutter...

So offenbart sich denn in ZAIN, dem Schwert,
Ein Bild aller Dinge, die gewesen sind,
Aller Dinge, die sind,
Und aller Dinge, die sein werden.

5. Und weiter bahnt sich das flammende Schwert
Seinen Weg vom Herzen der Mutter
Hin zum Herzen des Sohnes -
Wandelnd auf dem festgelegten Kurs
Der lenkenden Intelligenz,
Die ihren Ursprung hat in BINAH, dem Verstehen.

Diesen Weg nennt man am Ort der Allerhöchsten
Auch das Fundament von TIPHARETH,
Der Schönheit.
Du fragst warum? So höre:
Der Weg entspringt in BINAH
Und setzt sich fort bis TIPHARETH,
Woraus Du klar erkennst,
Daß Schönheit stets nur da erscheinen kann,
Wo auch Verstehen herrscht.
So bildet BINAH denn die Basis für die Schönheit
Und wird zu Recht dem Allerhöchsten beigestellt -
Sie, die zweite Emanation von KETHER,
Dem Höchsten Willen und der Krone.

6. Auch in anderer Hinsicht ist BINAH
Das Fundament der Schönheit,
Ist sie doch AIMA, die Mutter,
Und hat den gleichen Zahlenwert wie Ben,

BN, der Sohn,
Welcher ist TIPHARETH, die Schönheit.

Diese Mutter ist gleichzeitig das „Große Meer“
Und birgt im tiefsten Innern Shabbathai,
Den geheimen Sitz des FEUERS.
So ist es stets die Kraft des Feuers, die ZAIN,
Das Schwert, auf seinem Weg nach vorne drängt.

So ruht das Feuer des Vaters
Eingeschlossen im Wasser der Mutter.
Und während der Weg des Schwertes
seinen Lauf nimmt,
Entspringt diesen beiden - Feuer und Wasser -
Das Luftelement.
Und dieser Luftgeist ist der Atem meines Engels,
Raphael, der im Zeichen der Zwillinge herrscht
Und MEIN Wort gerecht verteilt.

ח

MEDITATION über CHETH

1. ICH BIN
Der schützende Wall,
Der die Welt des Erschaffenen umgibt.

Für diese Welt, in der Du lebst,
Bin ICH der Schild,
Der Dich vor dem Dunkel draußen schützt.

Ein solcher Wall ist aber auch Begrenzung,
Denn die Finsternis, vor der er Dich bewahrt,
Ist das strahlende Dunkel des Unendlichen Lichts,
Welches zu hell ist,
Als daß Deine Augen es ertragen könnten.

2. Innerhalb dieser Grenzen
Befindet sich die offenbarte Welt,
In der ICH der große Arbeiter bin.
Diesen Bereich nennen die Weisen
Das Haus der Wirkungen,
Weil hier der Strom MEINER herabfließenden Macht
Zur vollen Geltung kommt.

Da dieses Gebiet getrennt von MIR zu stehen scheint,
Ist es auch die Ebene von Schuld und Strafe,
Denn Irrtum und Versagen sind
Immer nur die Folgen begrenzter Einsicht.
Und was man Sünde nennt,
Ist sozusagen bloß der Fehlschuß,
Der das Ziel – Vollkommenheit – nicht traf.

Doch so wie der Bogenschütze zum Meister wird,
Indem er unermüdlich übt und sich
Durch Tausend Mißerfolge nicht beirren läßt,
So bringt der Sünde Folgen
- Das was die Menschen Strafe nennen -
MEINE Auserwählten zur Vollkommenheit.

3. Wahrlich,
Sünde und Strafe sind eins;
Und das Feuer der Strafe ist der Hobel,
Der MEINE Werke zur Vollendung bringt.
Immer bin ICH es der wirkt,
Selbst im ärgsten Sünder
Bin ICH die treibende Kraft.
Andererseits bin ICH es auch der leidet,
Wenn als Konsequenz der Sünde nun auch
Die Strafe hart durchlitten werden muß.

Dein Schmerz ist MEIN Schmerz.
Dein Leid ist MEIN Leid.
Deine Qual ist MEINE Qual.
Dein Schrei bricht MIR das Herz.

Nicht stehe ICH unbeweglich abseits,
Gelassen MEIN Werk betrachtend,
So wie es vielleicht ein Töpfer
Mit dem Ton auf seiner Scheibe macht.
Nein, niemals,
Denn ICH BIN ebenso der Ton, wie auch die Scheibe,
Der Töpfer und auch die Arbeit selbst.

4. Gib aber acht,
Daß Du nicht wie Jene in den Irrtum fällst,
Die MEINE Worte falsch verstehen und irrend sagen:
„Wir können tun und lassen, was wir wollen.
Es ist ja Gott, der alles wirkt und
Nichts vermögen wir aus uns heraus zu tun“.

So wisse denn,
Daß alles rücksichtslose Handeln der Menschheit
Ihren Ursprung in diesem fehlerhaftem Denken hat.
Fehlerhaft deshalb,
Weil es dem Wahn des Getrenntseins entspringt -
Ein Anschein, der sich zwingend ergibt,
Wenn ICH aus der Welt des Nicht-Seins
In die Welt des sichtbaren Seins trete ...
Diese Täuschung ist es,
Die Sünde und Schmerz nach sich zieht.
Sie schwindet jedoch in dem Maße,
Wie sich die Werke vollenden,
Um derentwillen ICH Gestalt annehme.

Und da es nichts gibt, was MIR widerstehen könnte,
Gelangt selbst der ärgste Sünder
Zu gegebener Zeit ans befreiende Ziel.

5. So verstehe denn,
Daß Du in dem Maße befreit wirst,
Wie die Schutzwälle um dich herum zerbrechen.
Der Mauern Blendschutz, der Dich jetzt noch umgibt,
Um Dich vor dem schrecklichen Dunkel
Außerhalb der Begrenzung zu schützen.

Doch wenn die Arbeit in der Welt der Wirkungen,
Der Welt von CHETH getan ist,
Wenn diese Welt ihren Zweck erfüllt hat,
Dann wirst Du sehen, oh Mensch,
Daß es weder etwas zu fürchten gibt,
Noch etwas, vor dem es sich zu hüten hieße.

Dann wird sich in einer vollkommenen Schau
Das grauenvolle Dunkel jenseits des Walles
Als gleißende Strahlung des
Unendlichen Lichtes erweisen.
Dann wirst Du die Welt
Von Schuld und Sühne verlassen,
Um einzutreten in die grenzenlose Freiheit
MEINER Göttlichen Vollkommenheit.

ט

MEDITATION über TETH

1. MEIN geheimes Wissen verbirgt sich in der Zahl;
Mehr noch,
Der ganzen Schöpfung Aufbau
Ist im Zeichen des Kerbholzes als Urkreuz mit der Kreisenden Schlange verborgen.

Verschleiert ist die Macht der Elohim durch Zahl;
Die Zahl, das „tiefe Dunkel“,
Von dem geschrieben steht:

„Und Moses drang ein ins tiefe Dunkel,
In welchem Gott war“,
Ferner:
Tetragrammaton sagt aus,
Daß er im tiefen Dunkel wohnt“.

Wisse denn,
Daß Ägypten dieses Dunkel ist,
Und es seine innewohnende Weisheit war,
Mit der Moses das Volk Israel führte.
Im Dunkel, das Ägypten ist,
Schlummert das Geheimnis der Zahl -
Der Zahl, die wiederum das Eine
In der Vielfalt verbirgt.
Symbol für dieses Dunkel ist Uräus,
Die königliche Schlange der Ägypter.

2. Sie ist die Schlange der Versuchung,
Die gleichermaßen auch Erlösung in sich trägt.
Was ist sie anderes, als ein erstes Grüßen
Des Gesalbten?
Wahrlich, die Kraft,
Die Adam aus dem Garten Eden trieb,
Ist die gleiche Kraft,
Die ihn nun wieder zurück ins Paradiese führt.

So hält sich das Mysterium
Von Auszug und von Wiederkehr
In TETH verborgen -
TETH, die Schlange, die das Kreuz umkreist.

Dieses Tau-Kreuz mit der Schlange,
Die sich in den Schwanz beißt,
Ist das Zeichen des Unaussprechlichen,
Des Namens aller Namen.

Sinnbildlich steht es weiterhin auch für den
Lebensbaum,
Den Baum der Göttlichen Vollkommenheit,
Der, umgeben von der Macht der Buchstaben,
Alles Geschaffene hervorgebracht hat.

3. Und weil das Kerbholz
Ohnehin eng mit dem Zählen in Verbindung steht -
Und somit allen Werken der Zahl –
Zeige ICH durch TETH - die Schlange - an,
Daß, erstens alle Dinge durch die Zahl entstanden
sind
Und zweitens, sämtliche von Weisen
je vollbrachte Taten
Als Fundament die Zahl uns offenbaren.

So stellt der Kreis am Boden des Kerbholzes
Die aufgerollte, aufgespulte Kraft des Feuers dar,
Die aus der Sonne kommt, -
Um sie zu beherrschen,
Mußt Du zählen lernen ...

Zähle richtig,
So wirst Du Öl für Deine Lampen haben,
Birgt doch das Öl,

Das Du zum Lichtentzünden brauchst,
Gleichzeitig das Mysterium von TETH.
Dies ist das Öl, das sich erhebt wie eine Schlange
Und das Dein Vorvater Jakob nutzte,
Um es auf den Grundstein
Des Hauses der Kraft zu gießen.

4. Wahrlich,
Wer das Geheimnis dieses Steines kennt,
Kennt auch das Geheimnis der Schlange.
An ihm wird sich das Wort erfüllen:
„Als Israel ein Kind war, liebte ICH ihn
Und rief MEINEN Sohn aus Ägypten".

Wer dies erfaßt, wird zum Gnadenbringer werden,
Und alle seine Werke
Werden in der Kraft Meines Seins wurzeln.

MEDITATION über YOD

1. ICH BIN
   Die schöpferische Hand,
   Die die Welten formt
   Und die Sphären schafft,
   Derweil im Schoß von Raum und Zeit
   Ungefesselt das Urfeuer kreist.
   MEIN Schaffen ist ungleich dem des Menschen -
   Es ist Selbstgespräch.
   Und MEINE formgebende Vorstellungskraft
   Ist die Stimme, durch die ICH MICH mitteile.

Fürwahr,
ICH bringe MICH, den Vater aller Dinge,
Selbst hervor. Diese Vaterschaft ist es, welche
Die Bruderschaft aller Wesen bedingt.

2. Deshalb erkennt der Weise
In YOD die Vaterschaft von CHOKMAH,
Dessen grenzenlose Weisheit alles erschafft.

So bin ICH AB, der Vater,
Die Quelle von allem, was ist.
ICH BIN die Eins in MEINEM innersten Wesen.
ICH BIN die Zwei in MEINEM Selbstgespäch.
ICH BIN die Drei im Verbund
Mit MEINER Göttlichen Schöpfung:
Immer erschaffend,
Immer erhaltend,
Immer verwandelnd
Durch endlose Zeiten ...

3. Durch MEIN Sein erstehen alle Dinge.
Durch MEINE Kraft erfolgt jegliches Tun.
MEINE Weisheit ist der Ursprung allen Wissens.
So bildet YOD den Grundstock aller Buchstaben,
Ein jeder trägt in seinem Aufbau YOD in sich.
Es offenbart sich uns der Schöpfung Kreislauf
Mit Hilfe dieser Zweiundzwanzig...

4. ICH BIN
Das fließende Dunkel,
Das auf den Blättern des Lebens
Seinen Stempel hinterläßt.

Wahrlich,
Nichts Neues bringt uns dieses Buch vom Sein.
Und wer mit Salomon glaubt,
Daß es nichts Neues unter der Sonne gäbe,
Der hat Recht,
Denn von allem was ist,
Kann man ebenso sagen: „Es war“.

So ist denn die Schau des Propheten,
Der den Vorhang hebt zwischen dem,
Was ist und dem, was sein wird,
In Wahrheit eine Wiedergabe dessen,
Was zur Vergangenheit gehörig scheint.

MEINE Hand jedoch
Umspannt den ganzen Kreis des Seins.
Für MICH gibt es keine Zeit.

5. So bin ICH
Zwischen TIPHARETH und CHESED
Die Brücke, welche die Urwässer
Mit dem Atem des Lebens verbindet.
ICH wäge und bestimme so den RUACH,
Dessen Aufgabe die vermittelnde Fürsprache ist.

Bin ICH doch die Intelligenz des Willens,
Der die Blume der Gnade
Ins Reich der Schönheit trägt.

6. ICH BIN die Zehn
Aus der die Zwanzig sprießt.
ICH BIN die unaussprechliche Zehn nicht weniger,
Als die Zehn, die sich im Geschaffenen offenbart.
So ist denn YOD in beiden -
Der Zwanzig und der Zehn.

So wird die offenbarte Zehn nun auch zur Sieben,
Der Zahl der Elohim.
Und dieser Sieben wiederum entspringt die Zehn,
Denn Heptad, der Erhabenen Triade unterstellt,
Vollendet sich im Königreich der Braut.

So hallt MEIN Selbstgespräch stets zehnfach,
Weshalb man von den Lichtern der Emanationen sagt:
„Zehn, nicht elf; Zehn nicht Neun!“

10 Rad des Schicksals כ

כ

MEDITATION über KAPH

1. In MEINER Hand
Ruhen alle Dinge in vollkommenem Gleichgewicht.
ICH BIN es, der jeden Gegensatz
Mit seiner ihn ergänzenden Hälfte eint.
So mäßige ICH mal das eine, mal das andere,
Auf daß es nirgendwo im All
Ein völliges Versagen oder
Einen echten Mangel gibt.
Demnach besteht auch keine Ungerechtigkeit,

Denn was uns so erscheint,
Ist lediglich ein weiterer Aspekt
Des Wahns vom getrennten Sein,
Dem Unerwachte unterliegen.

2. Alle Erscheinungen gleichen Gefäßen,
In die sich die kostbare Essenz
Meines Innersten Wesens ergießt.
Und wo ICH BIN,
Da ist folglich auch Recht und Wahrheit.
Darum gib acht,
Daß Du keine dieser Formen
Aus Unkenntnis verachtest,
Verkörpert doch jede ein Stück von MIR,
Dem Allerhöchsten.

3. So ist das Rechten, Hadern, Streiten,
Von dem Du täglich Zeuge wirst,
Nichts anderes,
Als das Wechselspiel von Licht und Dunkel,
Welches ICH BIN.
Und doch sind das mühselige Ringen,
Die endlosen Anstrengungen nichts als Täuschung -
Darum öffne Dein geistiges Auge und
Erkenne MICH auch hier...

Sieh MICH als die alles verbindende Kraft,
Die den tapfer Suchenden belohnt.
Und wisse,

Daß immer ICH es bin,
Den ein jeder tiefstinnen begehrt -
Ungeachtet dessen, was er äußerlich zu suchen scheint.

4. Großzügig schenke ICH MEINE Gunst
Jedem, der aufrichtig sucht,
Und führe jene zum Sieg,
Die das Wissen um die verborgenen Dinge erlangt haben.

Dieser Sieg wird Dir zuteil,
Während Dein Körper schläft.
So ist das Geheimnis MEINER gnadenreichen Milde
Eng verbunden mit dem Mysterium des Schlafes,
Welches in QOPH verschleiert ruht...
Durch gleichen Zahlenwert sind KAPH und QOPH verbunden,
Durch Multiplikation von Zehn mit Zehn
sind sie geeint.

5. So bringe ICH mit unfehlbarer Genauigkeit
Alle Gegensätze in ein Gleichgewicht,
Und verleihe dem,
Der gläubig MEINEN Willen tut,
Die Herrschaft über jedweden äußeren Umstand.
Dann wird er Meister sein über Zeit und Raum,
Da es MEINE Allmacht ist,
Die sich ungehindert durch ihn offenbart.

Immer ist es das Gleichgewicht,
Durch das der Weise alles empfängt.
Doch so, wie ohne Hand kein Griff erfolgen kann,
Gibt es ohne Erkennen Meines ewigen Willens
Kein Verbinden der Gegensätze.
Deshalb geht in der Reihenfolge der
Heiligen Buchstaben YOD,
die schöpferische Hand,
Der greifenden Hand von KAPH voraus.

6. So bin ICH
Als belohnende und unablässig einende Gewalt
Auch Herr des Glücks.
Und wer beharrlich sich bemüht,
Sein Handeln MEINEM Willen stets zu unterstellen,
Erfährt in MIR den Gott der Gnade,
Dessen Vertreter am Himmel,
Jupiter, der Große Wohltäter Tsedek, ist.

ל

MEDITATION über LAMED

1. ICH BIN die Rute,
Die den Lebensatem, den Großen Stier,
Antreibt und in Bahnen lenkt.

ICH BIN
Die richtungsweisende Kraft,
Die den RUACH im rechten Gleichgewichte hält
Zwischen Aufbau und Zerstörung,
Ähnlich dem Viehtreiber,

Der mit Hilfe seines Stockes
Den Stier am Streunen hindert.
Und dennoch erwächst diese Rute
Unmittelbar aus RUACH -
Ist der Große Atem des Lebens
Doch kein anderer als
ICH SELBST.

2. Und weil es diesen Atem schon gab,
Ehe die Schöpfung Gestalt annahm,
Bin ICH die lenkende Kraft,
Der Herr und Richter aller Kreaturen.
So ist es LAMED,
Der Dir diesen Aspekt Meines Wesens enthüllt...

3. Vor aller Zeit
Erklärte ICH MICH zum Lehrer aller Lehrer,
Weshalb ICH Dir, oh Mensch, jetzt sage,
Daß Du MEINE Unterweisung
Mit einer Rute vergleichen kannst,
Die Dich auf Deinem langen Kreislauf
Durch Geburt und Tod
Solange in rechte Bahnen lenkt,
Bis Du wieder zu MIR,
Deinem Ursprung, zurückkehrst.

4. ICH BIN die Wurzel aller Taten.
Kein Handeln gibt es,

Hinter dem ein Anderer stünde, als ICH selbst.
Immer ist es Handeln, Aktivität,
Die alle Dinge entstehen läßt.
Und doch entspringt jegliches Tun
Tiefstinnen MIR, da ICH es bin,
Der die unendliche Vielfalt
MEINER Selbstoffenbarung lenkt.
Verblendet sind alle, die glauben,
Aus sich heraus das Geringste zu vermögen.

5. „Habe ICH nicht einen freien Willen?"
Fragt der Narr.
Oh nein!
Der Weise erkennt,
Daß es in den endlos vielen Welten
Nie einen anderen Willen
Als den MEINEN geben kann.

MEIN Wille allein ist wahrlich frei.
Nur wer MEINEN Willen als den Ursprung
Seines eigenen Wollens erkennt,
Bleibt von Irrtum verschont.

6. Möge Deine Meditation Dir helfen,
Dich vertrauensvoll MEINEM Willen
anheimzugeben,
Auf daß Du ungeachtet aller Geschäftigkeit

In vollkommenem Frieden verharrst.
Dann wirst Du selbst bei drängender Arbeit
Erfahren, wie ICH , der Ewige Arbeiter in Dir,
Alle Dinge zum Besten wende.

Wahrlich, ICH BIN bei Dir allezeit.
Vertraue Dich voll MIR an!

מ

MEDITATION über MEM

1. ICH BIN
Das Wasser des Lebens.
Das schweigende, schwarze Meer der Ursubstanz,
In welchem ICH MICH spiegelnd schaue ...

Der Schoß aller Dinge.
Unwandelbar sind diese tiefen Urwässer,
Nichts kann sie trüben,
Daher ihre Beständigkeit.

In ihnen ruht alles, was ist,
Und doch bleibt ihre eigene Natur
Auf ewig unberührt.

2. MEM - klingt wie das Murmeln
Dieses riesigen Lebensmeeres.
Und durch die Addition des Zahlenwertes
Seiner Buchstaben MEM – Neunzig –
Erkennen wir das Wirken von YESOD,
Das Fundament für alles Geoffenbarte ist.
MEM, das Urwasser, wiederum die Grundlage
Für diese Basis schafft.

Wie auch in der Genesis zu lesen steht,
Daß alles Sichtbare dem Wasser entstammt...

3. Indem Du Dir vergegenwärtigst,
Daß ICH , Dein Gott, MICH stets vierfach offenbare,
Wirst Du die Bedeutung MEMs durch
Seinen Zahlenwert -Vierzig- voll erfassen.
Dann nimmst Du Einblick in Art und Weise
MEINER vierfachen Teilung
Und wie diese Teilung in den Zehn Sephiroth
Zur Wirkung kommt.

Alle diese Vorgänge schlummern bereits im Urwasser
Und die ihm innewohnende Kraft bildet
Den Nährboden für alles, was ist.

4. So höre denn gut zu
Und wisse, daß ICH beides bin,
Sowohl Vater als auch Mutter.
Als Mutter bin ICH die Große Gebende,
Die alles hervorbringt und nährt.
Dennoch ist der mütterliche Teil
Meines Wesens immer jungfräulicher Natur,
Auf ewig unbefleckt,
Mag ihr Schoß auch noch so viele Leben
hervorbringen.

5. Gehe ein in die Urwässer des Großen Lebensmeeres!
Tauche so tief hinab,
Bis Du Dein ICH verloren hast!
In diesem Verlorengehen
Wirst Du Dein Selbst finden
Und wieder eins mit MIR,
Deinem Herrn und König sein.
Dann wirst Du erleben,
Wie der König aufs Neue
Seinen rechtmäßigen Thron besteigt.

6. Dies ist der Pfad der Beständigkeit,
Auf dem sich MEIN Wissen um die Wurzel
Allen Seins -GEBURAH- vereint
Mit der Glorie der höchsten Erkenntnis,
Die sich wiederspiegelt
Im klaren Wasser von HOD.

Wenn kein Gedanke die sanfte Oberfläche
Dieses Wassers mehr stört,
Dann, oh Mensch, wirst Du
Dem ungetrübten Glanz MEINES SELBST,
Welches auch Dein wahres SELBST ist,
Gegenüberstehen!

נ

MEDITATION über NUN

1. ICH BIN der Fisch,
Der im Meer des Urgewässers schwimmt.
ICH BIN der Fisch,
Der alles Geschaffene in sich trägt,
Wie auch geschrieben steht:
„Er wohnte im Großen Meer,
Dort wohnte er und war ein Fisch“.

2. Dies ist der Große Fisch des Propheten,
In welchem er drei Tage und drei Nächte zubrachte.

Und weil Jonas so arg leiden mußte,
Ist der Fisch Sinnbild aller Qual und Not,
War es doch seine innere Verzweiflung,
Die ihn auf MEINEN Weg brachte.
Erkenne denn,
Daß Leid und Schmerz Tore sind,
Durch die der Mensch
Zum Herzen der Großen Mutter vordringt.

Wahrlich,
Die Mutter ist das Große Meer,
In welchem der Fisch schwimmt.
Und beide sind sie eins Fisch und Meer.

3. Dies Eine ist das All,
Das alles durchtränkt.
Alles Geschaffene,
Selbst das, was der Mensch unvollkommen nennt,
Ist ein Teil des Alls, des Ganzen,
Das ICH BIN.
Und so wie die Wasser des Großen Meeres
Den Fisch umhüllen,
Hält sich das Mysterium des EINEN
Verborgen in der Vielfalt.
So ist denn der Fisch Symbol der Ewigen Wahrheit.
Der Wahrheit, die im Erkennen des EINEN
In der Vielfalt liegt...

4. Bei Dir, oh Mensch,
Liegt das Öffnen oder Schließen der Tore.
Und nach vielen Fragen des „Was“, „Welche“,
Wird sich Dir blitzartig das Große Geheimnis enthüllen.
Dann wird Dir,
Der Du die Unsterblichkeit erlangt hast,
Ein gleißendes Licht den Weg erhellen -
Ein Licht zu hell,
Um von Sterblichen ertragen zu werden.

5. Fürwahr,
Dem Weisen ist diese Unsterblichkeit vertraut;
Er, der das Geheimnis MEINES ewigen Seins kennt.
Der Fisch verhüllt dieses Geheimnis nicht nur,
Er entschleiert es auch gleichermaßen,
Ist doch der Fisch das Ewige,
Der Vater des Heils.
Deshalb steht auch geschrieben,
Daß Jonas der Sohn des Fisches sei...
Und was ist dieses Etwas nun,
Das ewig währt, ohn' Unterlaß?
Wahrlich,
ICH BIN es,
Kein anderer als ICH Selbst.
Und das, was unveränderlich sich gleich bleibt,
Ist die Antriebskraft,
Die alles Geschaffene in Bewegung hält.

Ewigem Wandel unterliegt alles, was ist
Und jeder Wandel trägt zwei Gesichter:
Eines des Lebens und eines des Todes.

Doch wisse, oh Mensch,
Daß das, was die Menschen Tod und Leben nennen,
Vergleichbar ist den weißen und schwarzen Perlen
einer Kette,
Aufgezogen auf den Faden steten Wandels.
Was ist dieser Faden anderes,
Als MEIN eigenes unveränderliches Sein,
Das die zahllosen Abläufe der vielen
Kleinen Leben und Tode durchzieht...

ס

MEDITATION über SAMEKH

1. ICH BIN
   Die tragende Säule für alles,
   Was ist und Gestalt annimmt.
   Alles ruht auf MIR.
   ICH versage nie.

   Oft schon habe ICH versucht,
   Dir dies verständlich zu machen,
   So höre denn aufs Neue MEINE Worte.

2. ICH BIN es,
Der alles Geschaffene ungeachtet
Des ewigen Auf und Nieder erhält.
Hierbei hat es zwar den Anschein,
Als wäre ICH ein gnadenloses Feuer,
Das unaufhörlich jede ausgediente Form verbrennt.
In Wahrheit aber ist es Geburah, die Strenge,
Die sich in MEINEM Wesen Ausdruck schafft -
Ein Aspekt des Tetragrammaton,
Des Elohim vom „allverschlingend Feuer".

So bin ICH denn vergleichbar einem Schmiede,
Der sein Gold der Feuerprobe unterzieht.
Ein Vorgang, der den Unwissenden glauben läßt,
ICH sei ein Gott des Zorns -
Und doch ist es gerade dieses unablässig reinigende Feuer,
Durch das ICH Dich, oh Mensch,
Jeden Augenblick Deines Lebens nähre und erhalte.

3. Fürwahr,
es ist niemand anderer als ICH,
Der Dich so mancher klug erdachten Prüfung unterzieht
Und weise zeigst Du Dich,
Wenn Du erkennst, daß die listenreiche Schlange
Der Versuchung, in Wahrheit der Erlöser ist,
Der Dich zur Freiheit tragen wird.

4. Kein anderer als ICH
Bestimmt den Zeitpunkt,
An dem die Tage des alten Adams enden.
Und wenn diese Zeit erfüllet ist,
Wird sich Deine Schwäche, oh Mensch,
In Stärke wandeln
Und im Wiederauferstehen Deiner Kräfte,
Wird sich der Reichtum MEINES Großen Namens
im Zeichen der Weisheit, Chokmah, entfalten.

Wenn Du dergestalt durch das Feuer geläutert bist,
Wird das Gold Deiner Schönheit
Von allen Schlacken befreit sein
Und die Herrlichkeit des Himmlischen Sohnes
Allen Menschen offenbar werden.

5. Dann wird Dir das Angesicht Gottes,
Deines Herrn, leuchten -
Und indem Du IHN, den STRAHLENDEN, schaust,
Wirst Du Deinem eigenen
WAHREN SELBST gegenüberstehen...
Die Fülle dieser begnadeten Schau
Wird Dich von Grund auf erneuern
Und für immer wirst Du die Trugbilder
Der Nichterkenntnis hinter Dir lassen -
Ähnlich einem jungen Löwen,
Der achtlos über sein Opfer steigt.

6. Wahrlich,
An diesem Tage wird das Licht, das IST,
Jede scheußliche Gestalt des Dunkels bannen
Und Deine Wohnstätten werden gesegnet sein
Durch das strahlend weiße Leuchten,
Das Deiner Krone entströmt.

ע

MEDITATION über AYIN

1. So spricht Er,
Der aus dem Dunkel erwächst:
ICH BIN sowohl der Herr des Lichts
Als auch der Finsternis,
Denn ICH BIN der, der alles durchdringt.

Vielen bleibt dieser dunkle Satz verschlossen.
Du aber denke darüber nach
Und bewege es in Deinem Herzen.

2. Erinnere Dich,
Daß schon in Exodus beschrieben wird,
Wie Gott das Herz des Pharao verhärtet,
Und bei Jesaja:
„Beides habe ICH erschaffen,
Das Gute und das Böse".

Und hast Du nicht gelesen,
Daß das Auge des Herrn an jedem Ort,
An jeder Stelle leuchtet?
Sagte nicht auch David:
„Wenn ich in die Unterwelt hinabsteige,
Wirst auch DU dort sein".

3. AYIN ist dieses Auge
Und es ist wahrlich überall, an jedem Ort.
Und da Raum und Zeit nur in der sichtbar,
Offenbarten Welt bestehen,
Trifft man dort, wo eine Stätte,
Ein begrenzter Raum sich findet,
Immer auch auf Hell und Dunkel; -
Ist es doch die Verbindung dieser Beiden,
Der alle Dinge entspringen.

So bin ICH der Prinz der Dunkelheit nicht minder
Als der König des Lichts.
Sollte es wirklich etwas geben, in dem ICH,
Der Herr aller Dinge, keinen Raum habe?

4. Wer dieses nicht erkennt, ist blind.
Durch seine getrübte Sicht
Teilt der Mensch MEINE Natur
Und stellt das Königreich des Lichts
Der Welt der Dunkelheit gegenüber.
Auf diese Weise schafft er zwei Götter.

Die Welt des Dunkels aber ist der Brunnen,
Dem alles Geschaffene entströmt.
Das tiefe Dunkel, MEINE Stätte,
Ist der Urstoff für alles,
Das Gestalt annimmt.

5. 130 ist der Zahlenwert für dieses Auge,
AYIN - die Quelle jeder äußeren Erscheinung.
Dieses Auge ist das EINE,
Das sich vervielfacht durch die Sephiroth.
Es ist die Sonne des Lebens und des Lichtes,
Die durch die 12 Himmelsstämme scheint
Und ihre Kraft durch den Lebensbaum fließen läßt,
Um alles, was ist, zu erneuern.
Dennoch wirft jeder Strahl dieser Sonne seinen Schatten,
Weil alles in der Schöpfung
Der Verbindung von Hell und Dunkel bedarf.
Das Mysterium ihres Gleichgewichtes aber
Ist das Geheimnis aller Geheimnisse.

Das Eine, die Eins
Und nicht die Zwei ist Anfang und Ende
Von allem was ist.

Dem Menschen jedoch,
Der dem Anschein der Dualität verfällt,
Zeigt das Eine zwei Gesichter...

6. ICH , der Herr, zerstöre durch das Dunkel,
Doch durch das gleiche Dunkel baue ICH auch auf.

Der Weise weiß um diese Dinge.
Der Tor dagegen, getäuscht vom äußeren Schein,
Erzeugt aus dem Netz seiner Blindheit einen
Dämon...

Am letzten Tag aber wird der Dämon
In ein Meer aus Feuer geworfen,
Denn jedem Menschen ist ein letzter Tag beschieden,
Dessen Stunde niemand kennt,
Außer IHM, der sie festgesetzt hat.

7. Das Meer aus Feuer ist das Göttliche Verständnis,
Welches all denen verheißen ist,
Die den Weg der Kontemplation beharrlich gehen,
So wie ihn schon Abraham vor uns gegangen ist.
Am jüngsten Tage denn wird dieser Weg erfüllet sein.

Für ihn, der diesen Weg gegangen ist,
Wird sich alles lösen,
Auf daß er alles neu empfange.
Dann wird der Prinz der Dunkelheit
In das Feuermeer geworfen werden.

An diesem Tag wird der Erwachte erkennen,
Daß der Dämon in Wahrheit
Nur der Schatten Gottes ist.

16 Der Turm פ

פ

MEDITATION über PEH

1. ICH BIN der Mund,
Der den Lebensatem ausstößt.
ICH BIN der allverschlingende Eine,
Zu dem alles zurückkehrt, was ist.

2. „Anfang und Ende“, Ist MEIN heiliger Name.
Denn MUND ist das Symbol MEINER
Selbstverdoppelung,
Wodurch ICH MICH MIR Selbst bezeuge.

3. ICH BIN das Wort des Lebens,
Das alles, was beginnt, ins Leben ruft.
DAS WORT,
Das seinen Anfang nimmt im SIEG von NETZACH
Und zur Vollendung kommt im RUHM von HOD,
Ist somit Ausgleich von beiden.

4. Es steht geschrieben,
Daß Gottes Wort niemals versagt.
Wie könnte es auch anders sein?
Wahrlich ICH BIN schon Sieger,
Noch ehe denn die Schlacht begonnen hat.
Strahlender Ruhm durch alle Ewigkeit
Ist so der Ablauf MEINES Lebens.

5. Formen vergehen,
ICH aber bleibe bestehen.
Aus MIR gehen sie hervor,
Zu MIR kehren sie zurück.
Und was der Mensch Zerstörung nennt,
Ist in Wirklichkeit ihre Rückkehr zu MIR.
Drum laß Dich durch den Anschein nicht beirren
Und wisse,
ICH zerstöre nur, um neu und besser wieder aufzubauen.

So ist Zerstörung in der Tat
Das Fundament für alles Bestehende.
Und das Zerstörungswerk

Von dem Du Zeuge bist,
Ist in Wahrheit Sammelgut
Für eine bessere neue Struktur.

6. Deshalb steht geschrieben:
„Der Mensch lebt nicht vom Brot allein,
Sondern von allem, was dem Munde
Tetragrammatons entströmt“.

Wohlgemerkt von allem, oh Mensch,
Was aus seinem Munde rührt.
Alles brauchst Du -
Nicht nur einen Teil.

Und jene täuschen sich die sagen:
„Der Mensch lebt durch die Gnade Gottes“.
Wisse,
Daß es nur das Gleichgewicht von beiden,
Von Gnade und Strenge ist,
Das den Fortbestand eines jeden Lebens,
Ja, selbst des Universums sichert.

צ

MEDITATION über TZADDI

1. Oh, Wahrheitssucher, Du!
   Glaubst Du, Dich selbst ins Licht zu bringen?
   Dank Deiner eigenen Suche soll`s gelingen?

   Oh, nein! ICH BIN`s, der HAKEN,
   Der sich hinabgeschleudert
   In der Wasser dunkle Tiefen,
   Von dort die Menschen hochzuholen
   Zu Sphären hin, wo wahre Erkenntnis wohnet.

Um einzutreten in dies Reich,
Muß sterben erst ihr altes ich,
So wie ein Fisch dem Tode ist geweiht,
Wenn er aufs Land geworfen wird.

Es stirbt ein Jeder jedoch nur,
Um wieder neu zu leben.
Und was bislang sie für das Leben hielten,
Trägt nunmehr den Aspekt des Todes.

2. Es glaubt der Mensch,
Er suche MICH,
Dabei bin ICH es, der ihn sucht.
Kein anderer Sucher ist, denn ICH.
Und wenn ICH MICH selber finde,
Hat all die Qual des Fragens dann ein Ende.

Der Fisch nur nach dem Haken schnappt,
Weil Nahrung er zu finden glaubt.
Der Fischer ist jedoch Genießer dieses Mal's.

3. Verstehe das Gesagte, wenn Du kannst!
Der Haken und das Tor und auch die Rechte Hand
Bin ICH.
Vom tödlichen Irrtum ziehe ICH die Menschen fort,
Zum Leben in der Wahrheit hin.
ICH BIN das Tor, durch das sie gehen.
ICH BIN die ausgestreckte Hand,
Die durch das Tor sie führt.

Und auch HEH das Fenster bin ICH,
Durch das ICH außen seh' die Welt,
Als auch das Innerste MEINES Selbst.

Der Weg von Tod und Dunkelheit der Außenwelt
Ins Innere zu Licht und Leben,
Ist nur das Wenden Deiner Seele Augen,
Weg vom Betrachten der Erscheinungsform
Zur wahren Schau der Wirklichkeit.

4. ICH BIN
Der Ausgleich zwischen NETZACH und YESOD,
Zwischen Sieg und Fundament.
Und dies Gleichgewicht kann ICH nur halten,
Durch ständiges Betrachten MEINER eigenen Natur.

Nur weil ICH niemals MEINER selbst vergesse,
Nimmt Schöpfung weiter ihren Lauf.
Und so entspringt der Same allen Seins
Aus dieser MEINER Selbstbetrachtung.
Sie findet statt in tiefem Schweigen.
Denn nicht mit Lärm und viel Getöse
Wird dies MEIN Werk vollbracht.

Hierin ist auch verborgen das Geheimnis
Jener alles tragenden Säule,
Die, von Salomon gesetzt,
Vor dem Portal des Tempels steht.
Und hierin liegt auch das erhabene Geheimnis
MEINER königlichen Macht.

ק

MEDITATION über QOPH

1. ICH BIN der Knoten
In der Lebenschnur, die endlos ist,
Vergangenheit und Zukunft vereinend
Im ewigen Jetzt.
In bin ALEPH und TAV, Anfang und Ende.

Alles, was war, und alles,
was sein wird, Ist auch jetzt,
Denn MEINE Augen kennen keine Zeit.

Deshalb bin ICH,
Sowohl der Anfang allen Suchens,
Als auch das Ziel.
ICH BIN der Weg des Lebens.

2. Dies ist MEIN inneres Wesen,
Das sich verborgen hält
Hinter MEINEM gewaltigen Äußeren.
Weshalb von MIR auch gesagt wird,
Daß ICH der hintere Teil des Kopfes sei,
Nicht aber der Kopf selbst.

3. ICH BIN die Zehn-mal-Zehn
Und somit die Summe aller Vollendungen.
Diese MEINE Zahl enthält den Schlüssel
Zum Geheimnis der Fleischwerdung.

4. MEIN Dasein ist die Voraussetzung
Für das Entstehen jedweder Form,
Und wer Augen hat zu sehen,
Für den ist heiliger Boden an jeder Stelle,
Wohin ein Mensch auch seine Füße setzt.

Nicht in entlegenen Weihestätten nur,
Nein, auch auf Plätzen und Straßen,
An Orten, wo die Sünde herrscht,
Wie auch in Häusern, wo gebetet wird.
So magst Du nun - wie schon Vater Jakob - sprechen:

„Wahrlich, hier wohnt der Herr,
Und ich habe IHN nicht erkannt."

5. Wisse, daß Dein Bewußtsein Deines Körpers
In Wahrheit MEIN eigenes Wissen um die Form ist.
Durch dieses MEIN Wissen in Dir
Erhalte ICH Dich in jeder Lage
Und durch alle Zeit.

6. Wahrlich, oh Mensch,
ICH wohne in Dir und Du in MIR,
gib acht,
Daß Du Deinen Gott nicht verachtest,
Der Dir in menschlicher Gestalt begegnet.

ר

19 Die Sonne ר

MEDITATION über RESH

1. ICH BIN
   Das ANTLITZ, das für immer leuchtet,
   Vor dem die Dunkelheit entflieht.

   ICH BIN
   Das weiße Strahlen des Hauptes,
   Das kein Haupt indessen ist.

ICH BIN
verschwenderischer Geber
Von allem Überfluß.
Obgleich der Größte aller Großen,
Bin ICH auch der Kleinste aller Kleinen.

ICH BIN
Die Tiefe, wie die Höhe,
Das Außen ebenso wie das, was innen ist,
Denn alle Gegensätze sind in MIR vereint.

ICH BIN
Die Herrlichkeit des Ewigen Ursprungs
Als auch das Fundament vom Königreich
Des Ewigen Ziels.

2. In ASSIAH bin ICH die Sonne
Und MEINE Strahlen sind der Springquell
Für alles Leben und Geschehen.
Die Sonne ist in dieser körperlichen Welt
Sowohl der Vater aller ihrer Körper,
Als auch die Ursache für jegliche Bewegung.
Obgleich ICH Deine Sonne bin,
Bin ICH doch auch jede andere Sonne.

Laß nicht den Sinn verloren gehen,
Der hinter dem Symbol verborgen ist,
Oh, Suchender des Lichts!

3. So wandelst Du unter den Flügeln der Großen Sonne,
Von der einst der Prophet kündete:
„Dir, der Du MEINEN Namen fürchtest,
Wird aufgehen die Sonne der Gerechtigkeit
Mit heilender Kraft in den Flügeln.“

Wahrlich,
An diesem Tage wirst Du ein neues Lied
Deinem Gotte singen,
Ein Lied, das sich entzückt
An seinem wunderschönen Angesicht -
Dem ANTLITZ Deines eigenen wahren Selbst.

ש

MEDITATION über SHIN

1. ICH BIN
Der feurige Kreis der Ewigen Flamme,
Die sich selbst ernährt.

Von diesem Feuer gehen alle Dinge aus,
In ihm hat jeglich Ding sein Sein,
Zu ihm kehrt alles dann zurück.

2. Dem Unwissenden erscheint diese Flamme
Wie ein allverschlingend Feuer,
Das zum Fangzahn des Todes wird.
Er erkennt nicht,
Daß ICH MICH dank MEINER
transformierenden Kraft,
Lediglich für eine kleine Weile
Aus der einen Form zurückziehe
Und daß das Ende einer Form nichts anderes
Als der Übergang in eine andere, neue ist.

3. So stellt SHIN, der FANGZAHN,
Den vollendeten Kreis dar,
Ohne Anfang, ohne Ende.
Wer weise ist, erkennt,
Für keinerlei Geschöpf
Kann es einen wirklichen Tod dann geben.

4. In sich ist diese Flamme immer eins,
Doch dreifach gelangt sie zur Wirkung.
Drei Feuerzungen,
Drei Worte, die Gestalt annehmen,
Und dennoch nur ein Sein
Von dem alles ausgeht.

Aus der einen Welt der Archetypen,
Aus dem einen schöpferischen Buchstaben,
Erstehen als Manifestation des Heiligen Feuers,
Nacheinander die drei Welten.

5. So ist dieses Heilige Feuer,
Das Feuer der Gestaltwerdung
Und gleichzeitig das Feuer der Sühne.

Die tiefen Wasser des Großen Meeres
Halten es verborgen -
Das Feuer des Vaters,
Das an den Wurzeln dieser Wasser ruht...

6. Wahrlich,
Dies ist der Feueratem des Allmächtigen,
Der Flamme, die den Anschein des Getrenntseins
trägt.

Du aber wisse,
Daß dieser lebendigen Flamme
Die Kraft des Erlösers innewohnt,
Jener machtvolle Donner des zuckenden Blitzes,
Der die Eins spaltet in die Zwei
Und der in seiner Rückkehr das
Aufgehen der Zwei
In vollkommene Einheit bewirkt.

ת

MEDITATION über TAV

1. ICH BIN das Ende aller Dinge,
Das Ende, welches ohne Ende ist,
Sowie der Anfang, der keinen Anfang hat.

2. Vierfach äußere ICH MICH,
Wenn ICH tätig werde.
Zehnfach erscheine ICH -
In MIR tragend die vierhundert Lichter der Emanation,
Die gebündelt in den Zehn Sephiroth

aufs Neue erstehen -
Zu MEINEN Füßen umgeben MICH
Die vierundzwanzig Throne der Urkräfte.

3. Fürwahr, ICH BIN Th V, bin TAV -
Th als Ende und V als Zeichen der Fortdauer.
Erkenne denn, oh Mensch,
Daß ICH nie aufhöre,
MICH selbst zum Ausdruck zu bringen,
Wie auch geschrieben steht:
„Le Ohlam - heute und in Ewigkeit".

4. Und da der Pfad von TAV seinen Anfang nimmt
in Yesod,
Dem Fundament der Unterweisung,
Ist Mein Kommen nichts als unaufhörliche Belehrung.
Lernziel und Bürde dieser Unterweisung
Ist die Erkenntnis,
Daß Anfang und Ende eins sind.

5. Was aber kann gleichzeitig Anfang wie auch
Ende sein?
Wahrlich, Th V, sprich TAV, hält es verborgen,
Ist Th V doch gleichermaßen ATAH, A Th H.
So zeigt sich denn,
Daß Du, ja Du, dies Ende, dieser Anfang bist
Und kein anderer als Du das Fenster der Vision ist,
Das sowohl nach innen schauen kann zur Quelle,
Als auch nach außen hin zum Ziel.

6. Ungeachtet aller Wandlungen des Lebens
Bleibe ICH stets unveränderlich ICH Selbst.
Und dieses Selbst, das ICH BIN,
Ist gleichfalls Dein eigenes, wahres Selbst.

7. So birgt dies eine Wörtchen TAV -A Th H- DU
Die Summe aller Weisheit,
Denn was Du tief innen suchst,
Das - wahrlich - bist Du.
Und der Schatz,
Den Du auf vielen Wegen mühsam suchst,
Ist nichts anderes als das Kleinod der Ewigkeit,
Schlummernd in Deinem Herzen aller Herzen.

MÖGE DAS WEISSE
STRAHLEN
DER HÖCHSTEN KRONE
DICH ERLEUCHTEN,
AUF DASS DU RUHEST
IN FRIEDEN
UNTER DEN FLÜGELN
DES ALLMÄCHTIGEN
EINEN,
DESSEN NAMEN
NIEMAND KENNT.

Die 7 Ebenen des Seins

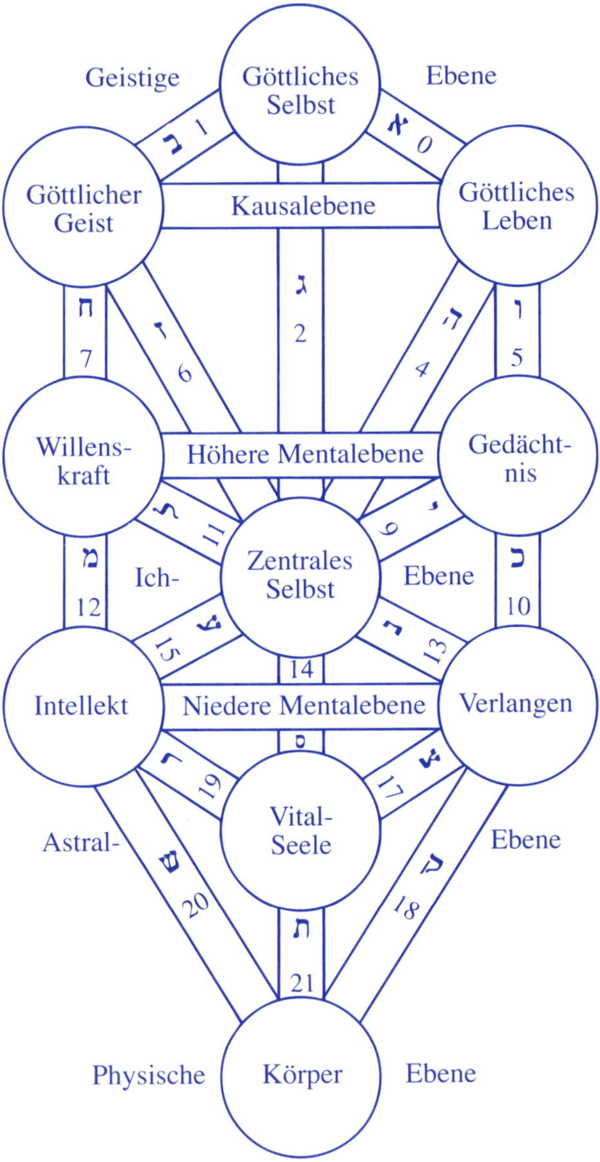

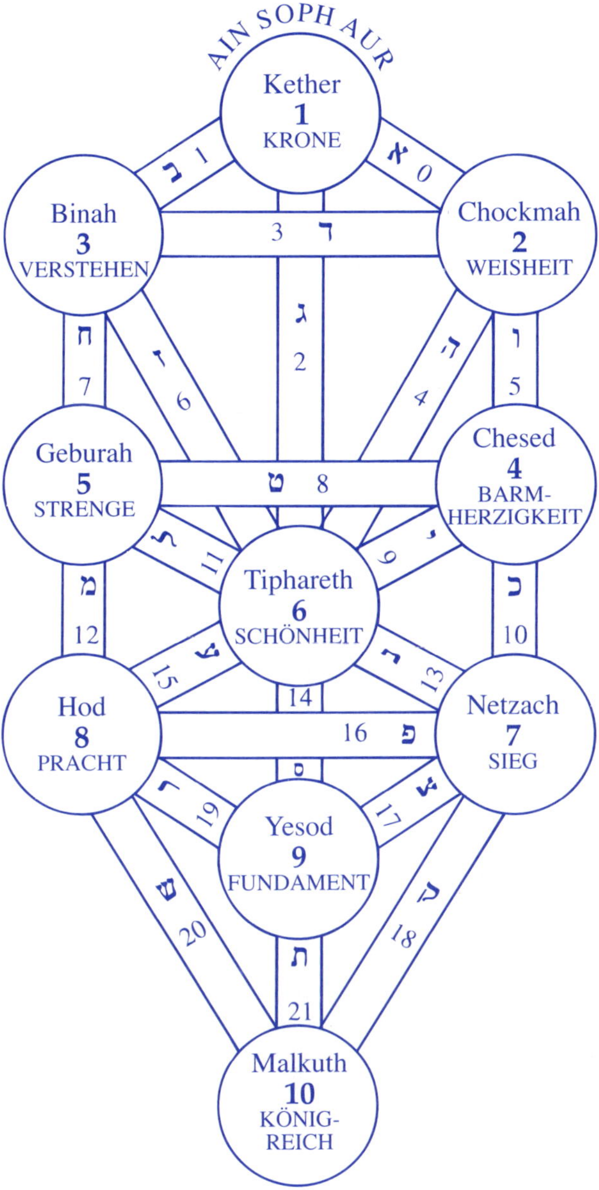
AIN SOPH AUR
Kether
1
KRONE
Chockmah
2
WEISHEIT
Binah
3
VERSTEHEN
Chesed
4
BARM-
HERZIGKEIT
Geburah
5
STRENGE
Tiphareth
6
SCHÖNHEIT
Netzach
7
SIEG
Hod
8
PRACHT
Yesod
9
FUNDAMENT
Malkuth
10
KÖNIG-
REICH
א 0
ב 1
ג 2
ד 3
ה 4
ו 5
ז 6
ח 7
ט 8
י 9
כ 10
ל 11
מ 12
נ 13
ס 14
ע 15
פ 16
צ 17
ק 18
ר 19
ש 20
ת 21

EPILOG

EDITATION über MALKUTH

ICH BIN
Die Panflöte des Jenseitigen
Und lasse MEIN Lied widerhallen
Im Unendlichen Garten der Lust.

ICH BIN Dein Lebensatem,
Oh Kind des Himmels,
ICH BIN es, der Dich
Mit dem köstlichen Duft des Geistes durchdringt.
Dein wahres Selbst bin ICH , oh Mensch,
Und Selbst von allem, was ist.

Die Unwissenden lassen sich täuschen
Vom Anschein persönlicher Eigenständigkeit
Und halten das Hinabsteigen MEINER Kraft
Durch den Lebensatem des RUACH
Für ein Aufsteigen von Kraft
Durch das sichtbar Gewordene des MALKUTH.

Du aber wisse,
Daß Kraft seinen Anfang niemals nimmt,
In dem was unten ist.
Sie steigt zwar - wie schon Hermes sagte -

Von der Erde zum Himmel empor,
Um dann aufs Neue niederzusinken zur Erde.

Es gilt jedoch zu bedenken,
Daß Weise sich stets verschleiert ausdrücken,
Um so zu verhindern,
Daß die Weltmenschen sich an dem Feuer,
Welches sie nicht zu lenken wissen, verbrennen ...
Nun siehst Du,
Daß derjenige, der die Worte der Weisen
Nur mit äußeren Augen liest,
Unfähig ist, die tiefere Bedeutung zu erfassen.

Du aber sehnst Dich nach den Höhen
Der Sphäre der Sonne und der Sterne?
Wohlan, ein solches Unterfangen ist gesegnet.
Viele indes sind berufen - wenige auserwählt,
Denn nur wenn Du das geschriebene Wort
Mit Deinem Herzen erfassen kannst,
Wirst Du erkennen, daß selbst dieses Sehnen
In Wahrheit nur eine Spiegelung RUACHS's,
MEINER absteigenden Kraft, ist und keinesfalls
Der Ebene von GUPH und NEPHESH entspringt.

So ist diese Sehnsucht vergleichbar
Dem Spiegelbild der Sonne in einem Glas;
Fällt Dir dieses Licht dann ins Auge,
Scheint es die Sonne selbst zu sein.
Niemals aber kann sich ein Mensch
Aus eigener Kraft emporschwingen zu RUACH,
Wenngleich so mancher diesem Wahn erliegt

Und durch diese seine Selbsttäuschung
Neue Irrtümer auf sich lädt.

Darum wisse,
Daß die geringste Sehnsucht nach Höherem
Ihren Ursprung in eben jenem Höherem hat.
Eine Wahrheit, an der Du festhalten solltest,
Damit Du Dich nicht in Selbsttäuschung verlierst.

Auf den Ebenen von YESOD und MALKUTH
Gibt es nichts, was in der Lage wäre,
Jemals irgendeine Kraft in Bewegung zu setzen.
Beide Ebenen wirken lediglich als reflektierende Spiegel;
Und die Gefühle und Meinungen der Wunsch- und Denksphären,
Die sich auf die Ebene von YESOD und MALKUTH ergießen,
Ähneln Zuschauern, die einen Widerschein betrachten;
ein Widerschein wahrer Bilder, die stets
Nur spiegelverkehrt wiedergegeben werden können.

Im physischen Universum von GUPH
Bildet das vierfache Aufbrechen des Einen
Die Grundlage für die Vielfalt.
So ist GUPH dem MALKUTH beigestellt,
Da GUPH erst durch das Werden der Körper
Zur vollen Entfaltung gelangt.

Es steht geschrieben, daß „KETHER in MALKUTH
Und MALKUTH in KETHER enthalten sei,

Jedoch auf unterschiedliche Art und Weise“.
In KETHER bin ICH das EINE, Unteilbare;
In MALKUTH hingegen erscheint eben dieses EINE
In vierfacher Gestalt, Manifestiert sich dann als die Zehn,
Die wiederum zurückkehrt zum EINEN.
Um ins Königreich zu gelangen,
Bedarf es immer zweier Pole,
Dreht sich das Rad doch einzig durch
Die Wechselwirkung entgegengesetzter Kräfte.
Doch MEIN Königreich von ADONAI
Ist kein weltliches Reich.
Die Körper der Diener von ADONAI
Müssen frei von Selbsttäuschung sein,
Ehe sie als durchlässige Kanäle wirken können,
Für das Licht, das von oben kommt.
Das Gesetz von ADONAI ist anders
Als das der Menschen,
Denn in das Gesetz der Menschen wurde Irrtum
eingebracht.
Dies ist Notwendigkeit und muß so sein,
Da die Menschheit als Ganzes
Einem Werk verglichen werden kann,
Dessen Fertigstellung noch unvollendet ist.
Deshalb gebt gut acht,
Alle, die Ihr Euch in die Reihen der Söhne und Töchter
Des wahren Menschen einreihen möchtet,
Die halbfertigen Konzepte eines frühen Reifestadiums
Nicht für die Endgültigen zu halten.

Wisset,
daß das Große Werk unaufhörlich auf den Bau

Des Tempels von ADONAI ausgerichtet bleibt,
Auch wenn es in den anfänglichen Stadien
Notwendigkeiten gibt,
Die im späteren Verlauf überflüssig werden.
Leider verwechseln die Menschen
Solch helfende Gerüste mit dem eigentlichen Bau
Und zollen überholten Regeln,
Die nicht länger sinnvoll sind,
Immer noch ergebene Verehrung.

Sei aber wachsam, Mensch
Der Du herrschen möchtest wie Gott herrscht,
Daß Du Dir nicht auch die Rechte Gottes anmaßt,
Denn sein, sein allein ist der Tempel,
Und alle, die das Werk vollenden helfen,
Sind Diener nur, nicht Eigentümer.

MIR, nicht Dir, gebührt das Werk.
MIR, nicht Dir, gebührt der Tempel.
Einzig und allein für MICH
Wurde er entworfen und gebaut.
Und ICH allein bestimme die Regeln,
Die Dich für den Dienst am Licht
Als Maßstab treu begleiten.
Denn wahr ist ganz gewiß,
Daß MALKUTH KETHER in sich trägt
Und in KETHER bin ICH das EINE,
Bin ICH Alleinherrscher,
Ein Zweites gibt`s hier nicht.

Glaubst Du,
Es stünde irgendeiner Frau, irgendeinem Manne
Ein höheres Besitzrecht zu als MIR?
So höre, der Du MICH zu finden suchst:
MIR gehört Dein Körper,
Einzig MIR allein.

MIR allein gebührt die Substanz all dessen,
Was durch Gedanke, Wort und Tat
Eines MEINER Werkzeuge ins Leben gerufen wird.
Wer dem andersartigen Anschein zum Opfer fällt,
Wird niemals zum reinen Kanal
Meines Willens werden.
Zum reinen Kanal wird allein der,
Dem aller Wahn des „MEIN“ und „Dein“ dank
MEINER unwiderstehlich herabsinkenden
Kraft zerstoben ist.

Der Zahlenwert von GUPH
Läßt Dich die Spirale der Lichtkraft erkennen,
Die dem Mund des Ewigen entströmt,
Wenn Blitze zucken und Donner grollen.
Und gilt der Donner nicht seit eh'
Als Sinnbild für die Stimme Gottes?

So ist Dein Körper, oh Sucher des Lichts,
Weit mehr als ein Klumpen Erde.
Fürwahr, er ist GIMEL,
Spiegel der Intelligenz,
Die Dich mit der Krone eint.
Fürwahr, er ist VAV, der Nagel,

Der Dich mit der väterlichen Weisheit eint.
Fürwahr, er ist PEH, der Mund Gottes,
Da GUPH all die Buchstaben enthält,
Die Dich für immer mit der Krone verbinden.

Doch wisse:
Alles Gesagte bleibt hohl und leer,
Wenn der Schlüssel fehlt,
Den ein verstehend Herz Dir liefert.
Liebe ist dieser Schlüssel.
Die Liebe, nicht der Verstand,
Die Liebe steht über dem Verstand,
Und wenn der Verstand die Liebe versklavt,
Dann ist er ein Tyrann,
Der sich selbst mit dem bestraft,
Was er vergeblich zu versklaven sucht.
Die Liebe ist vorrangig, wie Dich der Tarot lehrt,
Wenn er die Kaiserin vor dem Kaiser erscheinen läßt.
Ohne Liebe wird der Verstand steril,
Denn Liebe ist die wahre Antriebskraft
Für bildhaftes Gestalten. Verstand kann ordnen,
Verstand kann ernten,
Das Gesicht des Erntenden
Trägt jedoch die Maske des Todes.

So sieh in Deinem Körper das Instrument,
Auf dem das Lied des Lebens gespielt werden darf.
Mehr noch,
Er ist gleichzeitig eine Harfe mit abertausend Saiten,

Über den der Hauch des Geistes unaufhörlich streicht
Und Tag und Nacht die Melodien
Des Ewigen Lebens erklingen läßt.

Jedoch wenige nur haben Ohren, zu hören,
Wird dieses Hören doch allzu leicht gedämpft
Durch das laute Getöse der Welt.
Wer aber Augen hat, zu sehen
Und ein Gemüt, sich dessen zu erinnern,
Erkennt, daß der Kern des Wortes GUPH
Direkt Bezug hat zu eben jenem Hören.
Denn VAV ist dieser Kern,
Das Herz des Wortes GUPH,
Und ist nicht VAV jener besondere Buchstabe,
Der uns erzählt von Ben, dem Sohn
Und dem inneren Hören?

Dieser Dein Körper,
oh Kind des Himmels und der Erde,
Ist wahrlich die himmlische Vision
Der Güte des Ewigen.
Dieser Dein Körper ist der Palast des Königs.
Dieser Dein Körper ist
die sichtbar gewordene Welt Gottes und des Menschen.
Er ist das nahtlose Gewand von ADONAI,
Denn ICH BIN der Herr, Dein Gott,
Und Gott und Sein Tempel sind EINS.

KOMMENTAR ZU ALEPH א

Bezeichnet mit A
Die Nummer 1
Bedeutung: Stier
Die feurige Intelligenz

In diesem Text bezieht sich der Name „Mensch“ auf den geistigen Menschen. Der Text wendet sich an die Menschen, die sich mit dem Göttlichen Willen identifizieren und so zu reinen Kanälen seines Willens werden. Auf diese Weise leben sie wahrhaft ein Göttliches Leben und nehmen Teil an der Göttlichen Herrschaft.

Zu 2.:

„Doch dürfen weder Menschen noch Engel sich MIR nahen“. Wer noch im Bewußtsein des Getrenntseins lebt, kann die Wirklichkeit des Absoluten nicht erfassen. Erst wenn jeder zu dem Einen zurückfindet, lösen sich die Einteilungen in Klassen, wie etwa Pflanzen, Tiere, Menschen, Engel usw. auf.

Zu 4.:

„ICH BIN das Lebensprinzip von Allem, was ist“. Dies ist eine Anspielung auf eine Eigenschaft des Buchstaben ALEPH. Das hebräische Wort RUACH entspricht dem Sanskritwort PRANA, dem griechischen PNEUMA und dem lateinischen SPIRITUS. Alle bedeuten dasselbe, nämlich Atem, was gleichzusetzen ist mit Leben. In dieser Meditation wird ausgesagt, daß der Lebensatem alles beseelt, auch das, was gemeinhin nicht als lebendig betrachtet wird.

Zu 5.:

Der Satz „...MEINE unvollendeten Werke", ist der Schlüssel zum Verständnis über Gut und Böse, der diese Meditationen durchzieht. Nach Meinung des Autors leben wir in einem dynamischen, sich noch entfaltenden Organismus, welchen wir „Universum" nennen. Das Ziel, für das dieser Organismus auf die sichtbare Daseinsebene projiziert wurde, ist noch nicht völlig erreicht. Es handelt sich keineswegs um ein bereits vollendetes Werk, einmalig und für alle Zeiten geschaffen. Es ist vielmehr ein lebendes Wesen, dessen Leben wiederum unzählige niedere Leben, bzw. Bewußtseinsstufen umfaßt.

KOMMENTAR zu BETH ב

Bezeichnet mit „B"
Die Nummer 2
Bedeutung: Haus
Die transparente Intelligenz

Zu 1.:
Die zehn „Lichter" sind die zehn Sephiroth, die auf dem Lebensbaum, der in dieser Ausgabe abgebildet ist, dargestellt werden. Sie heißen:

1. Kether	Die Krone, der Höchste Wille
2. Chokmah	Die Weisheit
3. Binah	Das Verstehen
4. Chesed	Die Barmherzigkeit
5. Geburah	Die Gerechtigkeit
6. Tiphareth	Die Schönheit
7. Netzach	Der Sieg
8. Hod	Die Pracht
9. Yesod	Das Fundament
10. Malkuth	Das Königreich

Die Sephiroth Nr. 2, 4 und 7 bilden die Säule der Gnade, welche nach Sephirah Nr. 4 benannt wird. Ihr gegenüber steht die Säule der Gerechtigkeit, die von den gegenüberliegenden Sephiroth Nr. 3, 5 und 8 gebildet wird und ihren Namen von Sephirah Nr. 5 erhält. Die mittlere Säule setzt sich zusammen aus Sephiroth Nr. 1, 6, 9

und 10. Man nennt sie die Säule der Sanftmut, der Milde.
Diese 10 Sephiroth werden auch aufgeteilt in die „Höchste Triade oder Dreieinheit", welche die ersten 3 Sephiroth umfaßt und die „Heptade oder Siebenheit", welche die Sephiroth Chesed bis Malkuth einschließt. Diese „Heptade" ist die Grundlage für viele Siebenereinteilungen, die man in der esoterischen Literatur findet. Hinter und über diesen Sieben steht jedoch immer die „Hohe Triade oder Höchste Dreieinheit", da, wie uns das Buch der Schöpfung mitteilt, die Anzahl der Lichter der Emanation aus: „Zehn und nicht Neun, Zehn und nicht Elf" besteht.
Zu 3.:
„ICH BIN das ewige Sehnen". An diesem Beispiel sehen wir, daß der Autor eine kabbalistische Methode benutzt, die man „Gematria" nennt. Hier wird dargelegt, daß Worte mit gleichem Zahlenwert auch die gleiche Bedeutung haben. Jeder hebräische Buchstabe ist ebenfalls eine Zahl. Der Zahlenwert eines Wortes ist die Summe der Zahlenwerte all seiner Buchstaben. Das hebräische Wort für „Sehnen, Sehnsucht" ist „Tahavaw", Th A V H mit dem Zahlenwert 412, dem gleichen Zahlenwert wie Beth, B I Th.
Das „Innerste Wesen", von dem hier gesprochen wird, ist En Soph Aur, A I N S V P A V R, das Grenzenlose Licht. In der Philosophie der Kabbala wird En Soph Aur als das angesehen, was allen Erscheinungen vorangeht und in alle Ewigkeit bestehen wird. Demnach ist Kether, die Krone, bzw. der Höchste Wille, obwohl an erster Stelle der 10 Lichter der Emanation stehend, erst

zweitrangig in seiner Beziehung zu En Soph Aur, dem Unbegrenzten Licht. So wird Kether mit einer Wohnstätte, mit einem Haus für dieses Licht verglichen. Das Wort „Haus“ wiederum ist der zweite Buchstabe des hebräischen Alphabets mit dem Zahlenwert 2, wodurch die oben angedeuteten Gedankengänge der Gematria bestätigt werden.

Zu 5. und 6.:

Diese beiden Abschnitte sollten mit der Symbolik der ersten Tarotkarte verglichen werden. Der Magier ist offensichtlich der Zuschauer, der der „Höheren Natur“ entspricht. Die vier alles durchdringenden Elemente in Abschnitt 6 findet man in Symbolform auf dem Tisch wieder. Der Stab ist das Element des Feuers, der Kelch das des Wassers, das Schwert das der Luft und die Münze, bzw. der Fünfstern, das der Erde. Beachtlich ist, wie betont wird, daß „...der Weise die wahren Prinzipien“ unter den Namen der Elemente der klassischen Physik verschleiert.

1) Quabala = QBL mit der Bedeutung Qoph, Beth, Lamed und damit dem gematrischen Zahlenwert von 132; dem gleichen wie Chasidim -Göttliche Heilige- und gleich zu Tetragrammaton Elohaykem.

KOMMENTAR zu GIMEL ג

Bezeichnet mit „G"
Die Nummer 3
Bedeutung: Kamel
Die vereinigende Intelligenz

Zu 1.:
Auf dem Lebensbaum verbindet der Pfad des Buchstabens GIMEL die Sephiroth Kether und Tiphareth. In der Meditation wird GIMEL jedoch Chockmah zugeordnet, der 2. Sephirah, weil der Zahlenwert des Wortes GIMEL, GML die Zahl 73 ergibt. 73 ist wiederum der Zahlenwert des Wortes Chokmah, ChKMH = Weisheit. Es gibt noch tiefere Gründe für die Gleichsetzung GIMELS mit Chokmah, auf die hier nicht näher eingegangen werden kann.
Zu 2.:
Dieses Zitat stammt aus der Smaragdtafel des Hermes Trismegistos. Es weißt darauf hin, daß der Autor den späteren Kabbalisten angehört. In der Kabbala entspricht das „Unten" dem GIMEL und das „Oben" dem BETH. Sie beziehen sich auf die Höhere bzw. Niedere Natur des Einen Lebens, wie es in dieser Meditation dargelegt wird. Die enge philosophische Verwandtschaft mit der Bagavad-Gita ist so augenfällig, daß sich der Gedanke aufdrängt, der Autor könne mit einem der wandernden Hindu-Philosophen in Berührung gekommen sein.

Zu 4.:

Dieser Abschnitt sollte mit der Symbolik der zweiten Tarotkarte, der Hohen Priesterin, verglichen werden. Der Satz: „...deren Reinheit durch nichts befleckt werden kann“ besagt, daß sich die jungfräuliche Substanz, ungeachtet der endlosen Vielfalt des Geschaffenen, das ihr entspringt, nie verändern kann. Hier liegt ein Schlüssel zum alchimistischen Mysterium der Einen Ursache verborgen. Ferner dürfte hierin auch ein Anhaltspunkt zur esoterischen Bedeutung des Jungfrau-Mythos in den Religionen zu sehen sein.

KOMMENTAR zu DALETH ד

Bezeichnet mit „D“
Die Nummer 4
Bedeutung: Tor, Portal
Die leuchtende Intelligenz

Zu 1.:

Daleth ist das Zeichen der vereinten Tätigkeiten von KETHER und CHOKMAH, also der 1 und der 2, ausgedrückt in der 3. Deshalb war das ursprüngliche hebräische Zeichen für Daleth ein Dreieck, ungeachtet des Zahlenwertes der 4. Der Zahlenwert der Buchstaben steht offensichtlich im Widerspruch zu den Nummern der Sephiroth und denen der Tarotkarten, welchen die Buchstaben zugeordnet sind. Die 1 im Alphabet ist jedoch das ursprüngliche EINE, dem ein Zweites fehlt. In unseren Zahlen wird diese absolute Einheit durch die Zahl, bzw. das Zeichen 0 ausgedrückt. Unsere Zahl 1 kennzeichnet bereits die erste Emanation, welche die zweite und dritte zur Folge hat.

KETHER, 1, ist BETH, das Haus von En Soph Aur. BETH ist die 2 im Alphabet; doch wird BETH ebenfalls dem Magier zugeordnet, bzw. der 1 in der Tarotreihe. Dies ist notwendig, da 0 (Null), der Narr, das Symbol des Reinen Geistes, des Nicht-Zählbaren, der Idee der relativen Einheit, die von der 1 vertreten wird, vorausgeht. Trotzdem folgt die Null = 0 auch jeder anderen Zahl.

Die hinduistische Philosophie besagt, daß sich stets Äther, bzw. Akasha zwischen zwei sich manifestierenden Elementen befindet. Die folgerichtige Plazierung der Null ist daher vor der 1. Gleichzeitig ist sie aber auch die Realität, welche die 1 verkörpert. Sie ist weiterhin die Realität, die in jeder anderen Zahl verkörpert ist, bzw. das, was zwischen zwei aufeinander folgenden Zahlen besteht. Dies tritt uns selbst in der Umgangssprache entgegen. Fragt man: „Was steht zwischen 1 und 2?“ erhält man die richtige Antwort: „Nichts - Null“.

Zu 2.:

Die Vorstellung, daß das Universum nach den Buchstaben des Alphabets erschaffen wurde, gilt in der Kabbala-Philosophie sozusagen als Binsenwahrheit. Ihr begegnet man auch in der Hindu-Philosophie. (Vergleiche dazu „Die Schlangenkraft“, sowie „Shakti und Shakta“ von Arthur Avalon u.a.). Diese These besagt, daß die hinter den Buchstaben stehenden Kräfte, die Energien darstellen, die den Kosmos erschufen.

Zu. 4.:

BINAH, das Verstehen, wird auch AIMA, die Mutter, genannt. In diesem Abschnitt wird sie die „Begehrenswerte“, bzw. „Das Köstlich Ding“, genannt, weil der Zahlenwert von AIMA 52 ergibt; einen Zahlenwert den auch das Wort ChMD, Khamad hat, was soviel wie „etwas Erstrebenswertes, etwas Köstliches“ bedeutet.

Die Sephirah BINAH ist „...beides, Vater und Mutter“ aus folgendem Grund:

a) das Wort AIMA entstammt einem anderen Wort, nämlich AMA, was soviel bedeutet wie „die dunkle, sterile Mutter“ und zwar durch Einschiebung des Buchstabens YOD zwischen den ersten und zweiten Buchstaben von

AMA. YOD wird der väterliche Buchstabe genannt, nicht nur wegen seiner tatsächlichen Bedeutung, also „Hand", die ein phallisches Symbol darstellt, sondern weil YOD der Sephirah CHOKMAH zugeordnet ist und CHOKMAH wiederum AB, der Vater, genannt wird.

b) AIMA hat den Zahlenwert 52. Dies ist gleichzeitig der Wert des besonderen Namens Gottes, der mit der Vaterschaft in Verbindung gebracht wird. Dies ist der Fall, wenn der besondere Name Gottes „in seiner Fülle" geschrieben wird, wenn er also sämtliche Buchstaben enthält und nicht nur die einzelnen Laute IVD HH VV HH. So erhellt sich auch folgender Satz: „Sie hält die üppige Fülle des Tetragrammatons in sich verborgen". Unter Tetragrammaton versteht man in der kabbalistischen Philosophie den Namen Gottes, der aus vier Buchstaben besteht: IHVH.

Zu 5.:

„Torbogen der verwirrenden Vielfalt", bzw. „Tor der Verwirrung" bezieht sich auf den Buchstaben-Namen DALETH mit der Bezeichnung „Tor". Verwirrend, weil in der Kabbala das Gegensatzpaar Weisheit und Einfalt DALETH zugeordnet werden. Daß sich der Sohn in DALETH verborgen halte, wird aus der Tatsache abgeleitet, daß der Zahlenwert des Wortes BN, Ben = Sohn, ebenfalls den Wert 52 aufweist. Da DALETH in diesem Abschnitt mit BINAH gleichgesetzt wird, unterstreicht der Text die kabbalistische These, daß in BINAH beide, Vater und Sohn, enthalten sind. Bekräftigt wird diese These auch deswegen, weil BINAH folgendermaßen buchstabiert wird: BINH, es enthält also YOD, das I, der Buchstabe des Vaters, sowie Heh, H, den Buchstaben der

Mutter und letztlich BN, Ben, den Namen des Sohnes.

Zu. 6.:

Die Quersumme von 434 ergibt 11. In der Kabbala steht die Zahl 22 für den gesamten Zyklus oder Kreis der Schöpfung, da 22 die gesamte Anzahl der Buchstaben des Alphabets vertritt. So lesen wir im „Buch der Schöpfung“: „22 Grundbuchstaben: Er entwarf sie, Er formte sie, Er reinigte sie, Er wog sie und Er tauschte sie aus, jeden mit allen. Mit ihrer Hilfe schuf er die gesamte Schöpfung und alles, was dem noch folgen sollte.“ („Buch der Schöpfung“, 1:2 Stenrings Übersetzung). Demnach hält der Autor DLTh, 434, für ein Symbol der Teilung, so wie eine Tür das Innere eines Hauses vom Außen, von der Umgebung des Hauses trennt, weil 434 zudem die Quersumme 11, die Hälfte von 22, ergibt.

Der Buchstaben-Name DLTh wird entschlüsselt durch den Satz: „Der Herr ist ein Mann des Krieges“, weil der hebräische Name für „Mann des Krieges“ wie folgt lautet: „Ish milkhamah“ (Vergleiche Exodus 15:3) AISh MLChMH hat den Zahlenwert 434, den gleichen wie DLTh.

Zu 10.: ATZILUTH ist die höchste der vier kabbalistischen „Welten“. Es ist die Welt der Archetypen, vergleichbar Platos Welt der Ideen. Ihr folgt BRIAH, die schöpferische Ebene oder die Welt mentaler Formgebung. Darunter finden wir YETZIRAH, die Welt der Formgestaltung oder Formgebung, die Ebene der unsichtbaren Kräfte. Ihr schließt sich die vierte und niederste Ebene an, ASSIAH, die Welt der Materie, der Tätigkeiten und Formen.

KOMMENTAR zu HEH ה

Bezeichnet mit „H“
Die Nummer 5
Bedeutung: Fenster
Die aufbauende Intelligenz

In den beiden ersten Paragraphen dieser Meditation begegnen wir der Kernaussage, auf der die kabbalistische Meditationspraxis beruht. Der dritte Abschnitt schildert die Beziehung zwischen HEH, Fenster und DALETH, der Tür, die mit der Beziehung von CHESED, Gnade und BINAH, Verstehen, zu vergleichen ist. Der vierte Abschnitt erläutert die Beziehung der Sehkraft zum Buchstaben HEH aus kabbalistischer Sicht.

Zu 5.:

Hier finden wir zwei Beispiele von Gematria, beide im Satz: „...erhebt sich dieser Flug doch über menschliches Verständnis“. Im Hebräischen bedeutet Dawaw, DAH, „fliegen, sich erheben“. Gawbah, GBJ, bedeutet „Hoch, sich erhebend“. Der Zahlenwert beider Worte ist 10, der gleiche Wert wie HEH, HH. Ein weiteres Beispiel von Gematria zeigt sich im Satz: „...schlummert das Geheimnis ...in Deinem Busen“. Diese Worte fußen offensichtlich auf der Zahlengleichheit von Chob, ChB, „Versteck, Busen“ und dem Buchstaben-Namen HEH , HH.

Zu 6.:

„Verbirgt doch HEH das Wort“. Der Zahlenwert von

HEH ist 10, reduziert zu 1 dem Wert von ALEPH. ALEPH wiederum repräsentiert das schöpferische Wort (den Göttlichen Namen IHVH), wodurch alle Dinge ins Leben gerufen werden. Der Satz: „...zum Ausdruck bring ICH MICH, indem ICH schaue“, bezieht sich auf die Eigenschaft der Sicht, der Schau, die ein weiterer Aspekt von HEH ist. Hier wird ausgesagt, daß sich das Universum infolge der Selbstbetrachtung des Geistes manifestiert. „...Wortes nebelhaft verschwommen“; der hebräische Laut Ade, AD, hat den Zahlenwert 5, den gleichen Wert wie der einzelne Buchstabe H und bedeutet „Nebel, Dunst“.

Zu 9.:

Über HEH wird gesagt, es sei „...die Mutter, in der die Schöpfung stattfand“, weil H der 2. Buchstabe des Tetragrammaton, IHVH, ist und BINAH, welche auch AIMA die Mutter ist, zugeordnet wird. HEH enthält YOD, denn der Buchstaben-Name HEH, HH, hat den gleichen Zahlenwert wie YOD, nämlich 10. Die 10 wiederum ist in der 4 enthalten, dem Wert von CHESED, der 4. Sephirah, da 4 die Existenz von 1, 2 und 3 voraussetzt. Die 10 kann folglich als die Summe von 1 plus 2 plus 3 plus 4 angesehen werden. In diesem Punkt stimmt die Kabbala mit der pythagoräischen Zahlenmystik überein. Wenn CHESED mit der Zahl 4 gleichgestellt wird, liegen darin „...die Schätze des Königreichs verborgen“, weil die 10 der 10. Sephirah MALKUTH, dem Königreich, zugeordnet wird.

Zu 10.:

Ein weiteres Beispiel von Gematria ist der Satz: „...um Frucht zu tragen“, der diesen Abschnitt zusammenfaßt.

Das hebräische Wort Awbah, ABB, bedeutet „blühen, Frucht tragen". Es hat den Zahlenwert 5, den gleichen Wert wie der Buchstabe H.

Zu 11.:

Der Satz „...wer sein Gesicht gen Osten wendet", sowie das Folgende beziehen sich auf die Zuordnung der Himmelsrichtung Ost zum Buchstaben DALETH , der HEH vorausgeht im Alphabet.

Zu 12.:

„Der ewige Flüchtling..." wird von Agee, AGA, abgeleitet und bedeutet „Flüchtling". Dieses Wort stammt ursprünglich wohl aus dem Arabischen. Es hat den Zahlenwert 5, ebenso wie der Buchstabe H. „Brot" heißt im Hebräischen Bag, BG, und stammt aus dem Persischen. Es hat ebenfalls den Zahlenwert 5.

KOMMENTAR zu VAV ו

Bezeichnet mit „V“ oder „U“
Die Nummer 6
Bedeutung: Nagel
Die triumphierende ewige Intelligenz

Die ersten drei Abschnitte bedürfen keiner Erklärung. Wer Jakob Böhme kennt, sieht die enge Verwandtschaft seiner Aussage mit Abschnitt drei dieser Meditation. Der Satz: „...ein Sehnen, ein Begehren, ein Hunger“ in Abschnitt 4 fußt auf dem Wort Avah, AVH, = wünschen, ersehnen, mit dem Zahlenwert 12; dem gleichen Wert, den auch der Buchstabenname VAV, VV , aufweist.
Zu 5.: Der Satz: „...weist beides auf, Schärfe und Genauigkeit“, bezieht sich auf das Adjektiv „Khad“, ChD, = scharf, genau, was ebenfalls den Zahlenwert 12 hat. Die Vorstellung, die einzelnen Teile des Universums miteinander zu verbinden, könnte auf das Wort Gebeh, GBA, = Vorrat, Reservoir, zurückzuführen sein, welches wiederum als Wurzel das Verb „sammeln, zusammenführen“ hat. Der Zahlenwert von GBA ist 6, der gleiche wie von V.

KOMMENTAR zu ZAIN ז

Bezeichnet mit „Z"
Die Nummer 7
Bedeutung: Schwert
Die lenkende Intelligenz

Zu 1.:
„Das Schwert des Verstehens". Der Buchstabenname ZAIN bedeutet „Schwert"; der Zahlenwert von ZIN ist 67, der gleiche wie BINAH, das Verstehen.
Zu 2.: „Der Anfang aller Dinge ist die Teilung". In der Bibelausgabe heißt es zwar „Am Anfang schuf Gott Himmel und Erde"; die wörtliche Übersetzung des Baraw , BRA lautet jedoch „herausschneiden, trennen, unterscheiden".
Zu 3.:
Die Mutter ist sowohl AIMA als auch BINAH. Diesem Sephirah ordnet die Kabbala den göttlichen Namen ELOHIM, ALHIM, zu. Weiter wird gesagt, daß er der Sitz der kosmischen Kräfte ist, die Aralim, ARALIM, genannt werden, was soviel wie „Throne" bedeutet. Laut Kabbala gibt es 12 Throne, weil die Quersumme von ARALIM 282 ergibt, also 12. Diese 12 stellen ebenfalls die „Throne des Atems des Lebens" dar, weil 282 gleichzeitig der Zahlenwert von Ruach Chaim, RVCh ChIIM = Lebensatem ist.
„In deren Namen sich ebenso der Name des Vaters, wie

der des Sohnes verborgen hält". Diese Aussage bezieht sich auf BINAH, BINH, das zusammengesetzt wird aus dem göttlichen Namen Jah, IH, der sich wiederum auf CHOKMAH, den Vater bezieht und Ben, BN, den Sohn, also TIPHARETH. So steht auch geschrieben: „In der Mutter hält sich die Kraft des Vaters verborgen, um sich dann in der Kraft des Sohnes zu offenbaren". Diese Wahrheit gilt für alle Ebenen des Seins.

Zu 4.:

Der Buchstabenname ZAIN, ZIN, beginnt mit „Z", dem Schwert und weist das I, das väterliche YOD, als mittleren Buchstaben auf. Er endet mit N, dem Zahlenwert 50, der wiederum auf die 50 Tore der Mutter, BINAH, hinweist.

Die Elohim sind die klassischen Sieben, was wiederum der Zahl von Z entspricht. Die 10 Lichter der Emanation (die Sephiroth) entsprechen dem Zahlenwert von I. Der Wert der „Tore des Verstehens" ist 50 und entspricht dem Zahlenwert des Buchstaben Nun, N.

Zu 5.:

„ ...wandelnd auf dem festgelegten Kurs der lenkenden Intelligenz". Die lenkende Intelligenz wird ZAIN zugeschrieben; sie beginnt in BINAH, der Mutter und endet in TIPHARETH, dem Sohn.

Zu 6.:

„Das Große Meer" ist ein Attribut, das BINAH zugeordnet wird. BINAH wiederum ist gleichzeitig Shabbathai, ShBThAI, das Reich des Saturn. In der Alchimie steht Saturn für Blei. In der Praxis der Kabbala verkörpert das alchimistische Blei den geheimen Sitz des Feuers, obwohl BINAH die Wurzel des Wassers genannt wird.

Diese Sephirah birgt dennoch die aktive, feurige Kraft von CHOKMAH, der Wurzel des Feuers, in sich; wie ja auch AIMA das väterliche I aufweist. Weiterhin sehen wir, daß sich BINAH, BINH aus Jah, IH, dem Namen des Vaters und Ben, BN, dem Namen des Sohnes zusammensetzt.
„Das Luftelement" auf dem Weg des ZAIN bezieht sich auf die luftige Eigenschaft des Tierkreiszeichens Zwilling, dessen Beherrscher laut Kabbala, Raphael, der Engel des Planeten Merkur, ist.

KOMMENTAR zu CHETH ח

Bezeichnet mit „Ch“
Die Nummer 8
Bedeutung: Feld, Zaun
Die Intelligenz des Hauses der Wirkungen

Zu 1.:
Das Unendliche Licht ist En Soph Aur, welches uns als Dunkelheit erscheint, weil es sich der irdischen Wahrnehmung entzieht. Es ist dies das göttliche Dunkel, welches uns in der mystischen Literatur so oft begegnet. Darauf bezogen sich auch die Ägypter, als sie von „Osiris, dem schwarzen Gott“ und der „schwarzen Gottheit“ sprachen. Es ist das gleiche schreckliche Dunkel, dem wir auch bei der Hindu-Gottheit KALI begegnen.
Zu 2.:
Khattawath, ChTATh, ist ein hebräischer Laut und bedeutet sowohl Sünde wie auch Strafe und entspricht dem Buchstabennamen CHETH, ChITh, denn beide ergeben den Zahlenwert 418. Das Wort ChTATh entspringt einem Verb, das soviel wie „das Ziel verfehlen“ bedeutet.

KOMMENTAR zu TETH ט

Bezeichnet mit „T“
Die Nummer 9
Bedeutung: Die Schlange
Die dem Geheimnis aller geistigen Aktivität zugrunde-liegende Intelligenz

Zu 1.:

Die alte Darstellung des Buchstaben TETH wies ein Kerbholz (Kerbholz als Instrument des Zählens, Messens und Registrierens) auf, bei dem sich der Kreis um ein Kreuz schloß. Die Worte „Mispawr“ MSPR = die Zahl, „Arawfel“ ORPL = das Dunkel und als drittes „Mizraim“, MTzRIM, der hebräische Name für Ägypten, weisen alle den Zahlenwert 380 auf. Die königliche Schlange, die sogenannte Uräusschlange, ist das charakteristische Symbol für Ägypten. Kenner der alten ägyptischen Weisheit werden bestätigen, daß alles hohe Wissen dieser Kultur in der Zahl verborgen gehalten wird. In Ägypten wurde seinerzeit Pythagoras in die großen mathematischen Prinzipien eingeweiht, die sich in der Zahlenmystik spiegeln. Die große Pyramide, die Cheops, weist in ihren mathematischen Grundwerten die gleichen Prinzipien auf.

Zu 2.:

„Nachash“, NChSh = die Schlange der Versuchung hat den Zahlenwert 358 und entspricht damit dem Wort

„Messiach“ MShICh, der Erlöser, bzw. der Gesalbte. „Die Schlange, die das Kreuz umkreist“ bezieht sich auf die alte Darstellung des Buchstabens TETH, bei dem sich ein Kreis (bildliche Wiedergabe der Schlange, die sich in den Schwanz beißt), um ein Kreuz windet, wobei das Kreuz den alten Buchstaben TAV, bzw. TAU wiedergab. Dieses Tau-Kreuz ist das mathematische Symbol für den Namen aller Namen, IHVH, da ein Kreis stets mit der Zahl 22 in Verbindung gebracht wird und das Kreuz mit der Zahl 4. So steht der ein Kreuz umgebende Kreis, also 22 plus 4, auf gleicher Ebene wie der Name des Unaussprechlichen, IHVH, da beiden der Zahlenwert 26 zugeordnet wird. Das Kreuz - hier also der Buchstabe TAV, TAU - vertritt den Wert 400, der für TAU steht. Diese Zahl repräsentiert die vollständige Manifestation der zehn Sephiroth in den vier kabbalistischen Welten, da sich jede Sephiroth stets zehnfach offenbart, was somit den Wert 10 mal 10 mal 4 = 400 ergibt. So ist also das Kreuz, bzw. TAV, TAU, Symbol des Baumes der göttlichen Vollkommenheit. Die alte Darstellung eines das Kreuz umgebenden Kreises ist weiterhin Symbol für die Macht der Buchstaben, weist doch das hebräische Alphabet 22 Buchstaben auf, der charakteristische Wert eines jeden Kreises.

Zu 3.:

Die Arithmetik bildet die Grundlage für jegliche praktische Esoterik. Die Kenntnis esoterischer Zusammenhänge zwischen den einzelnen Zahlen und den dazugehörigen Größenverhältnissen, ist für jeden Wahrheitssucher unerläßlich.

„Die aufgespulte, aufgerollte Kraft des Feuers“. Hiermit

wird das Astrallicht bezeichnet, das durch eine aufgerollte Schlange symbolisch dargestellt wurde. Es entspricht der Kundalini des Yogi, über die es ausführliche Literatur gibt. Madame Blavatzki nennt diese Kraft „Fohat“ und behauptet, daß der Buchstabe TETH das Symbol für FOHAT sei. Mehr dazu in Arthur Avalons „Schlangenkraft“ und „Shakti und Shakta“.

Mit „Lampen“ sind die inneren Sterne, bzw. Chakras gemeint. Mit „Öl“ wird die Nervenkraft bezeichnet, die eine Umschreibung für Kundalini oder Fohat darstellt. Diese Kraft ist notwendig, um die „Lampen“ mit Energie zu versorgen.

Dies trifft besonders für geistige Übungen zu, bei denen das rhythmische Atmen durch Zählen, bzw. das rhythmische Anrufen göttlicher Namen gefördert wird. Das hebräische Wort „Shemen Le-Mawaur“, ShMN LMAVR, bedeutet soviel wie „Öl zum Lichtanzünden“ und hat den Zahlenwert 667, den gleichen Wert wie „Sod Ha-Pelooluth“, SVDHPOVLVTh = das Geheimnis aller geistigen Aktivität. Letzteres ist die Bezeichnung für den Pfad der Weisheit, der mit dem Buchstaben TETH in Zusammenhang gebracht wird.

KOMMENTAR ZU YOD י

Bezeichnet mit „Y“ oder „I“
Die Nummer 10
Bedeutung: Die schöpferische Hand
Die Intelligenz des Willens

Zu 1.:
Der Buchstabenname YOD bedeutet „Hand“. In der Bildersprache des Altertums wurde dieser Buchstabe durch den ausgestreckten Zeigefinger dargestellt, einwandfrei ein phallisches Symbol. In der gesamten kabbalistischen Literatur wird dem YOD das Attribut des Männlichen beigeordnet. So wird Yod als erster Buchstabe des Tetragrammaton, IHVH, auch der väterliche Buchstabe genannt und CHOKMAH, also AB, dem Vater, beigestellt. Diese Idee wird in Abschnitt 1 bis 3 ausführlich behandelt.
Zu 4.:
„Das fließende Dunkel“ oder die „Tinte“ ist Dehyo, DIV, im Hebräischen. Hier finden wir die gleichen Buchstaben, wie in IVD, YOD. Der Zahlenwert ist auch der gleiche, nämlich 20. Der Satz „Es war“ heißt im Hebräischen Hayah, HIH, und hat ebenfalls den Zahlenwert 20. „Die Schau des Propheten“ entspricht Khawzaw, ChZH, „eine Vision haben“. Den Kern dieses Wortes finden wir erneut im Wort „Khozeh“, ChZH, „Prophet, Seher“ (vergleiche Samuel 2, 24:11 und Chronik 2, 9:29).

Zu 5.:

Dieser Abschnitt bezieht sich auf den 20. Pfad der Weisheit, welcher CHESED und TIPHARETH miteinander verbindet. Er wird auch die „Intelligenz des Willens" genannt.

Zu 6.:

Unter den „Unaussprechlichen Zehn" verstehen wir die nichtmanifestierten Sephiroth, die zehn Kräfte des unendlichen Lichtes, das in Ewigkeit besteht und erst zu den Sephiroth wird, wenn ein neuer Zyklus der Offenbarung beginnt. Da der Zahlenwert des Buchstabens I gleich 10 ist und der Wert des IVD 20 beträgt, ist YOD sowohl die Zehn als auch die Zwanzig. Die 10 Unaussprechlichen Sephiroth bestehen in alle Ewigkeit, die manifestierten Sephiroth hingegen kommen und gehen, so wie sich Zyklus an Zyklus reiht im kosmischen Ein- und Ausatmen. Für die Dauer eines Zyklus also, während sich die Sephiroth teils manifestiert haben, teils noch im noch nicht Offenbarten schlummern, steht die Zahl 20 stellvertretend für sie. Alle Kräfte, die durch die 10 Lichter der Emanation vertreten werden, finden sich in den 7 Geistern Gottes, den Elohim, wieder. Die Zahl 7 enthält demnach auch die Zahl 10 und laut theosophischer Extension, ergibt die Ausdehnung der 7 (1+2+3+4+5+6+7=28) die 28, daraus die Quersumme = 10. Die Heptade, die auf die Erhabene Triade folgt, setzt sich aus den Sephiroth CHESED bis MALKUTH zusammen. Sie beginnt in 10 und endet in der 10, da die Extension von 4, die Nummer von CHESED, nämlich 10 (1+2+3+4 = 10) ergibt. Die Nummer von MALKUTH ist 10. MALKUTH wird manchmal Kallah, KLH, „die

Braut“ genannt, weshalb zu Recht geschrieben steht: „...denn Heptad, der Erhabenen Triade unterstellt, vollendet sich im Königreich der Braut“.

KOMMENTAR über KAPH כ

Bezeichnet mit „K"
Die Nummer 20
Bedeutung: Die greifende Hand
Die verbindende Intelligenz

Zu 1.:
KAPH bedeutet soviel wie „Handfläche" und wurde in der alten bildhaften Darstellung durch die gewölbte Hand wiedergegeben, die sich darbietet, um etwas zu empfangen. Die Idee des Greifens ist demnach eng verbunden mit der Vorstellung etwas zu empfangen. Übersicht, also Kontrolle und Begriffsvermögen, liegen dicht beieinander. Der Buchstabenname KAPH weist den Zahlenwert 100 auf, der gleiche Wert wie das Wort MChI TBAL, was soviel wie Mäßigung des einen durch das andere bedeutet.
Zu 2.:
„Gefäße" heißen auf hebräisch Keliim, KLIM und haben den Zahlenwert 100, wiederum der gleiche wie KAPH.
Zu 3.:
„Die endlosen Anstrengungen" beziehen sich auf das Wort Mawdohn, MDVN, was „Anstrengung, Kampf, Streit" bedeutet und ebenfalls den Zahlenwert 100 aufweist. Die fünf letzten Zeilen dieses Abschnitts beziehen sich auf die wichtigen Beinamen des 21. Pfades der Weisheit. Sie lauten wie folgt: „Die verbindende Kraft",

die „belohnende Kraft für all jene, die suchen“ und die „Kraft des heißen Verlangens“.

Zu 4.:

Der zweite Teil dieses Abschnittes bezieht sich auf die Tatsache, daß der Zahlenwert des Buchstabennamens KAPH, nämlich 100, gleich dem Zahlenwert des Einzelbuchstabens QOPH ist. Die Kabbalisten ordnen QOPH die Funktion des Schlafes zu und als diese Meditationen erstmals empfangen wurden, wiesen sie folgenden Kommentar auf:

„Die spärlichen Hinweise der Eingeweihten beziehen sich auf die Art und Weise, in der das beharrliche Suchen des Wahrheitssuchers nach verborgener Weisheit belohnt wird. Während des Schlafes erreicht den feinstofflichen Körper bestimmtes Wissen und wird anschließend in den Gehirnzellen gespeichert. Dies geschieht, ohne daß sich der Schläfer dessen bewußt wird, da er durch seinen Schlaf am bewußten Aufnehmen und Speichern gehindert wird. Dies erklärt auch, warum man beispielsweise beim Aufwachen die Lösung zu schwierigen Problemen beinahe mühelos bewältigen kann. Nun ist es keineswegs so, daß gewisse Gehirnzellen die empfangenen Informationen völlig unbewußt speichern. Dieses Speichern setzt schon eine aktive Gehirntätigkeit voraus. Man könnte diesen Vorgang mit dem Abspielen eines Tonträgers vergleichen, der die aufgenommenen Eindrücke von höheren Bewußtseinsebenen für uns verständlich wiedergibt.“

Zu 5.:

„Zeit und Raum“ sind die deutschen Worte für das hebräische Wort Yawmim, IMIM, mit dem Zahlenwert 100.

Zu 6.:

Dieser Abschnitt bezieht sich auf den Planeten Jupiter , der dem Buchstaben KAPH zugeordnet ist. Der hebräische Name für Jupiter ist Tsedek, TzDQ und bedeutet soviel wie „Gerechtigkeit, Gleiches, Wohlstand“.

KOMMENTAR zu LAMED ל

Bezeichnung mit „L“
Die Nummer 30
Bedeutung: Rute, Viehstock
Die gläubige Kraft

Zu 1.:
Der Buchstabenname LAMED bedeutet „Viehstock, Ochsenpeitsche, Rute“. Der Stier ist ALEPH, bzw. der „Große Stier des Lebensatems“, weil RUACH, RVCh, der Lebensatem, ja ALEPH zugeordnet ist. Der zweite Teil dieses Abschnitts verbindet die Vorstellung des Gleichgewichts, dem wir im Zeichen der Waage begegnen, mit der Vorstellung des Führens und Gelenktwerdens, der wir in LAMED gegenüberstehen.
Zu 2.:
„So ist es LAMED, der Dir diesen Aspekt meines Wesens enthüllt“; Lamed, LMD, ergibt den Zahlenwert 74, den gleichen wie das Wort Diin, DIIN, was soviel wie „lenkende Kraft, Herr und Richter“ bedeutet.
Zu 3.:
„Der lange Kreislauf durch Geburt und Tod“. Dieser Satz beruht wahrscheinlich auf der Gematria von Sabeeh , SBIB = „Kreis, Kreislauf, Umdrehung“ und weist wie LMD, LAMED ebenfalls den Zahlenwert 74 auf.
Zu 4.:
Von Abschnitt 4 bis zum Ende wird die kabbalistische

Denkweise im Hinblick auf den Einen Willen aufgerollt. Sie zeigt uns, daß alles Handeln stets nur Ausdruck des Einen Willens ist und könnte mit der Hindulehre verglichen werden, die besagt, daß Karma lediglich ein anderes Wort für Handlung, Aktivität ist.

Zu 6.:

„Allezeit, den ganzen Weg". Hier handelt es sich offensichtlich um ein weiteres Beispiel von Gematria, denn Ode, OD, bedeutet „allezeit, den ganzen Weg" und ergibt den Wert 74, der gleiche wie LMD.

KOMMENTAR zu MEM מ

Bezeichnet mit „M“
Die Nr. 40
Bedeutung: Wasser
Die Beständige Intelligenz

Zu 1.:

Der Buchstabenname MEM, MIM, bedeutet Wasser. Im Buch der Schöpfung wird das Element Wasser dem Buchstaben M zugeordnet und der Kabbalist sagt: „MEM ist stumm wie Wasser“. Der Buchstabenname MIM ergibt den Zahlenwert 90, der dem von Dawmam, DVMM, entspricht, was soviel wie „still, stumm, taub“ bedeutet. Diese Meditation beginnt mit der eindeutigen kabbalistischen These, daß die Selbstreflektion der Lebenskraft der Ursprung aller Dinge ist. Der 23. Pfad der Weisheit, der ebenfalls MEM zugeordnet ist, erhält die Beifügung „Die Beständige Intelligenz“. Der Grund dafür wird uns in diesem Abschnitt dargelegt. Die Kabbalisten sind dazu der Meinung, daß dieser Aspekt, also die „Beständigkeit der Intelligenz“, die Voraussetzung für das richtige Wirken der 10 Sephiroth ist.

Zu 2.:

Die Zahl 90 enthüllt das Wirken von YESOD in den 10 Lichtern der Emanation, denn 9 x 10 ergibt 90. 9 ist die Zahl YESODs und mit 10 bezeichnet man hier die 10 Sephiroth. YESOD bedeutet soviel wie „Fundament,

Basis". In der Kabbala werden dieser Sephirah die Fortpflanzungsorgane des kosmischen Menschen zugeordnet. YESOD wird folglich als der Mittelpunkt der sich selbst verewigenden Kräfte der Einen Lebenskraft angesehen. In esoterischer Sicht verkörpert Wasser das Prinzip des Samens, aus dem sich alle Formen entwickeln.

Zu 3.:

Damit die vierfache Offenbarung des Einen Lebens immer wieder gegenwärtig bleibt, tragen die Namen Gottes in den verschiedenen Sprachen oft vier Buchstaben. Dies gilt insbesondere für das Hebräische, das viele Namen für das Eine aufweist. Der bedeutendste dürfte IHVH, Tetragrammaton, sein. Die einzelnen Buchstaben dieses Wortes verkörpern die vier Aspekte des Einen Lebens, die sogenannten Elemente. I steht stellvertretend für das Feuer, das erste H vertritt das Wasser, V vertritt die Luft und das zweite H die Erde. Da der Zahlenwert von M gleich 40 ist, können wir hier auch ein arithmetisches Symbol für den Vorgang sehen, den der Text wie folgt beschreibt: „...Art und Weise MEINER vierfachen Teilung und wie diese Teilung in den Zehn Sephiroth zur Wirkung kommt".

Zu 4.:

Die Große Mutter, AIMA, ist gleichzeitig das Große Meer, welches die Wurzel der Urwässer bildet. Dieses Meer ist BINAH, die Große Geberin, die alles hervorbringt.

Zu 5.:

Den hier vorliegenden Hinweis finden wir bei allen Mystikern. Wenn wir erfassen, daß dieser Große See, dieses Große Meer auf unser inneres Leben bezogen wird, werden wir mit der Zeit lernen, uns ihm gänzlich anheimzugeben. In diesem Hinabtauchen liegt das Geheimnis der Umwandlung, wo jegliches Gefühl des Getrenntseins einem umfassenden Verständnis der Einheit allen Lebens weicht. Wir sind unserem kleinen persönlichen ICH , dem Ego, sozusagen gestorben, auf daß unser wahres, Höheres, Ewiges Selbst auferstehen konnte. Wenn dieser Moment erreicht ist, sind wir wieder eins mit IHM, unserem Herrn und Gott. „Wie der König aufs Neue seinen rechtmäßigen Thron besteigt...“. Dieser Satz bezieht sich auf das Buch der Schöpfung, wo unter anderem zu lesen ist: „Es ist immer die Zehn, die aus dem Nicht-Sein ersteht; es ist nicht die Neun und nicht die Elf, sondern immer die Zehn. Erfasse diese Weisheit, erkenne sie, dringe tief in sie ein. Mache sie Dir voll bewußt und führe den Schöpfer zurück auf seinen rechtmäßigen Thron.“ (aus Kalisch's Übersetzung, 1:3)

Zu 6.:

Dieser Abschnitt bezieht sich auf die Aussage, daß der 23. Pfad der Weisheit seinen Ursprung in der Ernsthaftigkeit von GEBURAH („Wurzel des Seins“) hat und sich in HOD, der Herrlichkeit, vollendet. Der letzte Satz enthält den Schlüssel zum Wesen einer Meditation. Man findet ihn ebenfalls in der Yogalehre, wo auf verschiedenen Wegen versucht wird, einen Zustand der inneren Stille zu erreichen. Dieses innere Schweigen wird das „Meer der Chitta“ genannt, das Meer des Urstoffes. Wenn Chittas Oberfläche durch nichts mehr gestört wird, spiegelt es das Ewige Licht der geistigen Sonne wieder. Unser Text in dieser Meditation deckt sich völlig mit der Lehre des Yoga. In diesem Zusammenhang empfiehlt es sich, über das Bild der Tarotkarte Nr. 12 sehr eingehend zu meditieren. Es sollte noch erwähnt werden, daß der Buchstabenname MIM den gleichen Zahlenwert aufweist wie der Buchstabe TZADDI, Tz, nämlich 90. TZADDI ordnen die Kabbalisten die Meditation im allgemeinen zu, wodurch der tiefere Zusammenhang zwischen dem Wasser, als dem „stummen, schwarzen Spiegel" und dem geistigen Umwandlungsprozess, durch den sich der bewußt gewordene Mensch mit der Lebenskraft verbindet, verdeutlicht wird.

KOMMENTAR zu NUN נ

Geschrieben „N"
Die Nummer 50.
Bedeutung: Fisch
Die kreative Intelligenz.

Zu 1.:
Das Zitat „Er hatte seine Wohnung im Großen Meer und war ein Fisch darin" ist aus dem „Zohar", dem „Buch des Glanzes". Das Große Meer ist BINAH.
Zu 2.:
Der Prophet ist Jona, I V N H, was „eine Taube" bedeutet. Die Taube ist der Vogel der Venus und der „große Fisch", der in Jona 1:17 erwähnt ist, ist Dag gedul, DG GDVL, mit dem Zahlenwert 50, derselbe wie für NUN. Des weiteren wird das Tierkreiszeichen Skorpion, das sich auf die Fortpflanzung bezieht und von Mars regiert wird, NUN zugeschrieben. Wenn der „große Fisch" die „Taube" verschlingt, vereinigen sich die Kräfte von Venus und Mars. Es ist auch beachtenswert, daß Ninive, die Hauptstadt von Assyrien, wohin Jona gesandt wurde, N I N V H, geschrieben wird, sich also aus den Buchstaben N V N, Nun und I H, Jah, zusammensetzt.
„Schmerzen und Trauer" heißt auf hebräisch Khobli, Ch B L I, was den Zahlenwert 50 ergibt, den Wert von NUN. Das Wort „Meer" übersetzt als Yawm, I M, ist ebenfalls 50. „Der Fisch und das Meer sind eins" und

das Meer ist BINAH, oder AIMA, die Mutter. Auch kabbalistisch sind der Fisch und der Sohn eins, weil der Fisch eins ist mit dem Meer, das die Mutter ist und weil die Mutter, AIMA, den gleichen numerischen Wert hat wie Ben, B N, der Sohn.

Zu 3.:

Kole, K L, „alle, jede", ergibt 50, die Zahl des Buchstabens N. Dies bezieht sich auf den Absatz beginnend „Dieses Eine ist das All". „Eingeschlossen in die Gestalt der Vielen" basiert auf dem Wort Awtam, A T M, „schließen, zusammenziehen, einschließen". Der Zahlenwert ist wiederum 50.

Zu 4.:

„Zu Dir" heißt Le-khah, L K. „Was?" und „Welche?" heißt Mi, M I. L K und M I haben beide den numerischen Wert 50. „Weißer Glanz" ist der technische Name für Kether, die Krone. In diesem Zusammenhang kommt es von Tsawkhah, Tz Ch Ch, „glänzen, hell, leuchtend weiß". Dieses Wort ergibt den Zahlenwert 106 und damit den Wert der Buchstaben N V N.

Zu 5.:

Im 2. Buche Moses (Exodus) heißt es, daß Joshua der Sohn von Nun war. Der Name seines Vaters bedeutet „Ewigkeit", „unaufhörliches Bestehen". Joshua bedeutet „das Wesen der Wirklichkeit ist die Befreiung". Der Name Jesus ist eine Variante von Joshua.

In Bezug auf die Lehre im folgenden Abschnitt dieses Paragraphen wurde nachstehender Kommentar gegeben, als der Text erstmals aufgenommen wurde:

„Die Zuordnung von Antrieb, Bewegung zu NUN wird verständlicher, wenn man bedenkt, daß die älteren Philosophen mit dem Wort Bewegung das bezeichneten, was heute gemeinhin Wandel genannt wird. So kennt Aristoteles vier Arten von Bewegung: erstens Lageänderung; zweitens Entstehen und Vergehen; drittens Veränderung; und viertens Zunahme und Abnahme.

„NUN bezieht sich vor allem auf das Phänomen der Entstehung, Zeugung, was aus den Bemerkungen über die Bedeutung von Skorpion ersichtlich ist. Äußerlich hat die Entstehung, Zeugung, das Aussehen von Vergänglichkeit, eine Tatsache die von vielen Philosophen beschrieben wurde und von Paulus (1. Korinther 36) so ausgedrückt wurde: „Was Du säest wird nicht lebendig, wenn es nicht zuvor gestorben ist".

Die Bemerkungen zu Skorpion sind auszugsweise wie folgt:

„Die kreative Intelligenz, wie sie NUN zugeordnet ist, ist eine Besonderheit der bildschaffenden Fähigkeit des universalen Bewußtseins. Beim Menschen ist es die Kraft, mit deren Hilfe er seine Umgebung verändert und sie ist deshalb im eigentlichen Sinne zerstörend in ihrer Wirkung auf die existierenden Umstände, weil sie das Alte zerstört, um Neues zu bauen."

„In diesem Zusammenhang ist zu bemerken, daß Skorpion in der Nacht im Haus des Mars ist, im Gegensatz zu Widder, der am Tag von Mars regiert wird. Im Tarot entspricht NUN dem TOD, während HEH, der Buchstabe der dem Widder entspricht, dem KAISER zugeschrieben ist. Der TOD regiert die Form und die Welt der Gestaltung, der KAISER die kreative Welt. Das heißt, jede Gestalt muß sich ändern und die Änderung wird durch die Vorstellungskraft bewirkt."

„Die universale Vorstellungskraft bewirkt die größeren Umwandlungen, aber die menschliche Vorstellungskraft ist graduell nichts anderes. Tatsächlich ist die menschliche Vorstellungskraft die universale Vorstellungskraft, die in einem bestimmten lokalen Zentrum wirksam ist. Die gleiche Kraft strömt durch die belebte und unbelebte Schöpfung (wenn wir überhaupt sagen können, daß es unbelebte Dinge gibt). Ihre fundamentale Natur zeigt sich in der ursprünglichen Bedeutung des Verbs NUN, N V N - sprießen, vermehren durch sprießen. Dieselbe Idee findet sich im Gleichnis vom Sauerteig. Sauerteig ist Hefe, eine einzellige Pflanze, die sich durch Keimen fortpflanzt. Die universale Vorstellungskraft bewirkt alle Umwandlung durch einen ähnlichen Prozeß, denn jede neue Form entsprießt einer bereits existierenden."

„Die kreative Intelligenz ist natürlich vor allem aktiv in den Fortpflanzungszentren des Körpers und deshalb wird NUN durch seine Entsprechung zum Skorpion diesen Zentren zugeordnet. Hier soll beachtet werden, daß der Fortpflanzungsorganismus gewisse Ganglien des sympathischen Nervensystems einschließt. Das sind die Chakras am unteren Ende der Wirbelsäule, am Bauchnabel -Hara- und am Solarplexus. Die Schlangenkraft in diesen Zentren steigt dank der Vorstellungskraft empor und so wird aus dem giftigen Skorpion der Adler des strebenden Suchers. Psychologen wissen, daß bei primitiven Menschen die Vorstellungskraft sich hauptsächlich mit dem Erotischen befaßt. Diese erotische Tendenz bleibt erhalten, auch bei den höchsten Erwartungen und Zielen. Was sich dabei aber ändert, ist die Ausdrucksform. Die höheren Formen haben wenig äußerliche Ähnlichkeit mit den Derbheiten der groben Vorstellungskraft, so daß es nicht immer leicht ist, die fundamentale Übereinstimmung zu erkennen."

„Man muß seine Einstellung zur Sexualität grundlegend ändern, will man das Wissen der alten Weisen verstehen lernen. Die Geschichte des Sündenfalls soll als Hinweis dienen. Erst nach dem Sündenfall schämten sich Adam und Eva und all unsere falsche Moral ist die Frucht der Erinnerung an das sogenannte Übel des Geschlechtlichen. Wir können nicht genug daran erinnern, daß Sexualität etwas Heiliges ist und entsprechend betrachtet werden sollte. Wir sehen in diesem Zusammenhang, daß alle großen Symbole der alten Weisen definitiv einen phallischen Aspekt haben."

Es ist der innere nervliche Organismus, nicht die äußeren Organe, der in den phallischen Symbolen dargestellt ist. Die Kraft, die durch diese inneren Zentren strömt, ist das Große Magische Agens, das göttliche Schlangenfeuer."

„Mit einer bejahenden und ehrfurchtsvollen Haltung gegenüber denjenigen Zentren des Körpers, in denen das Lebensfeuer am stärksten aktiv ist und wirkt, ernten wir die Fähigkeit, die wesenhafte Schönheit in allen Formen der Vereinigung zu erfahren."

Zu 6.:

Das hebräische Wort für „Faden" ist Qav, QV, welches den Zahlenwert 106 ergibt, d.h. den Buchstabenwert von N V N.

MÖGE

DAS GÖTTLICHE LICHT

ALLEN LEUCHTEN,

DIE DURCH DIESES

BUCH DER SIEGEL

MIT DEM

UNAUSSPRECHLICHEN

IN BERÜHRUNG

KOMMEN.

KOMMENTAR zu SAMEKH ס

Bezeichnet mit „S“
Die Nummer 60
Bedeutung: Stütze, Säule
Die Intelligenz der Anfechtung
bzw. Bewährung

Zu 1.:

Das hebräische Wort „Feuerprobe“, Bawkhan, B Ch N, weist den gleichen Zahlenwert auf wie der Buchstabe SAMEKH, nämlich 60. Das Tierkreiszeichen Schütze, das SAMEKH zugeordnet ist, gehört zu der feurigen Dreiheit. Der Buchstabenname B Ch N kann auch als Be-Khane gelesen werden, wobei das B als Präposition gilt und soviel wie „in, unter“ bedeutet. Dann übersetzt sich B Ch N als „in Gnade, unter Gnade“. Eine noch tiefere Bedeutung erfährt B Ch N, wenn wir uns vergegenwärtigen, daß Khane, ChN, eine Abkürzung von Chokmah Nesethrah, ChKMHNSThRH darstellt, zu deutsch „Die verborgene Weisheit“, womit die Kabbala gemeint ist. Daraus läßt sich auch ableiten, daß die mystische Feuerprobe in direkter Verbindung mit der Einweihung in die Kabbala gesehen werden kann.

Zu 3.:

Die Schlange der Versuchung ist Nachash, N Ch Sh, mit dem Zahlenwert 358, dem gleichen Wert wie Messiah, M Sh I Ch.

Zu 4.:

„Der Zeitpunkt", „Die Zeit der Erfüllung" entspricht Moade, MVOD, mit dem Zahlenwert 120, dem gleichen Wert wie der des Buchstabennamens SAMEKH, SMK. Die Zahl 120 steht ebenfalls symbolisch für die vollkommene Zeitspanne eines Menschenlebens: „Seine Tage sollen 120 Jahre währen" heißt es in Genesis 6:3. Diese Zahl ist auch von besonderer Bedeutung bei den Rosenkreuzern und zwar als Resultat der Multiplikation der ersten 5 Zahlen 1x2x3x4x5.

„In Stärke wandeln" entspricht Mawkheen, MKIN und hat den Zahlenwert 120.

„Der Reichtum Meines Großen Namens im Zeichen der Weisheit", ist eine typische kabbalistische Aussage. Jah, JH, mit dem Zahlenwert 15 ist der göttliche Name, welcher der Weisheit, also Chokmah, zugeordnet ist. In MKIN = „In Stärke wandeln", Erneuerung der Kräfte", entfaltet sich der Reichtum des Zahlenwertes von Jah, IH insofern, als die theosophische Extension, also die Addition der Zahlen von 1 bis 15 wiederum die Summe 120 ergibt. Weiterhin ist bemerkenswert, daß Jah, IH, in diesem Zusammenhang in direkter Verbindung mit Chaiah, Ch I H, der Lebenskraft, zu sehen ist und ferner mit den kosmischen Zyklen der Tierkreiszeichen, die Chokmah zugeordnet sind. Chokmah wird auch als das Zentrum der Lebenskraft angesehen.

Die kabbalistische Alchimie bringt das Metall Gold mit TIPHARETH, der Schönheit, in Verbindung. Diese Sephirah ist auch der himmlische Sohn, Ben, B N. „Die Herrlichkeit, die Erhabenheit" heißt im Hebräischen Gawan, G A V N und hat den Zahlenwert 60, den gleichen wie der Buchstabe SAMEKH. Der Ausruf Hinnay, H N H = „wahrlich, fürwahr“ hat ebenfalls den Zahlenwert 60.

Zu 5.:

„Innere Schau, Vision“ ist Makhazeh, M Ch Z H und hat den Zahlenwert 60. Einer typisch kabbalistischen Wendung begegnen wir auch mit dem Ausspruch „Die Fülle dieser begnadeten Schau“. Da der Buchstabe SAMEKH und das Wort Makhazeh den gleichen Zahlenwert aufweisen, kann man „die Fülle dieser Schau“ auf den Buchstabennamen SAMEKH beziehen, sofern dieser voll ausgeschrieben würde, also S M K M I M KP. Bei einer solchen Schreibweise ergeben die einzelnen Zahlenwerte die Quersumme 310, was wiederum dem Wert von Kephir, K P I R = „ein junger Löwe“ und Dush, D V Sh =“ auf etwas treten, über etwas hinwegsteigen“ entspricht. Aus der gleichen vollen Schreibweise von S M K lassen sich weiter die Worte Yesh, ISh = „ist, sind“; Chabash, Ch B Sh =“zügeln, beherrschen, bannen“ und Medorin, M D V R I N = „Wohnstätten“, ableiten. Alle drei weisen den Zahlenwert 310 auf.

KOMMENTAR zu AYIN ע

Bezeichnet mit „O"
Die Nummer 70
Bedeutung: Auge
Die erneuernde Intelligenz

Zu 4.:
Der Satz: „Das Dunkel aber ist der Brunnen, dem alles Geschaffene entströmt", bezieht sich auf die zweite Bedeutung des Wortes AYIN, O I N, nämlich „Brunnen, Quelle".
Zu 5.:
Der Zahlenwert von AYIN, O I N, ist 130 und der Satz: „...die Quelle jeder äußeren Erscheinung" bezieht sich auf eine weitere Bedeutung von AYIN, O I N, nämlich „Aussehen, äußere Erscheinung, Farbe". Die Zahl 130 ist die Summe von 13 x 10. Die 13 ist eine kabbalistische Zahl und bedeutet Einheit, weil ACHAD = „EINS" aus der Summe seiner Buchstaben den Zahlenwert 13 ergibt. Die Zahl 10 wiederum gilt allgemein als Symbol für die 10 Sephiroth. Folglich bezieht sich die Zahl 130 auf nachfolgenden Satz: „Dieses Auge ist das Eine, das sich vervielfacht durch die Sephiroth".
Die im letzten Abschnitt dieses Paragraphen erwähnten zwei Aspekte werden im Lebensbaum durch die beiden gegenüberliegenden Säulen CHESED, Säule der Barmherzigkeit und GEBURAH, Säule der Strenge, vertreten.

Die Säule der Barmherzigkeit entspricht dem Aspekt des Lichtes, die Säule der Strenge dem Aspekt des Dunkels. Das hebräische Wort für „Säulen" lautet AMMOODI, O M V D I und weist den gleichen Zahlenwert auf wie der Buchstabenname AYIN, O I N, nämlich 130.

Zu 7:

Der Satz: „Die den Weg der Kontemplation beharrlich gehen", bezieht sich auf den letzten Absatz des Schlußkapitels im Buch der Schöpfung: „Und als unser Vater Abraham gekommen war, hielt er daran fest, durchdachte es immer wieder, betrachtete es von allen Seiten, bohrte und analysierte unbarmherzig, zerpflückte es und setzte es wieder zusammen. Und nachdem er es dergestalt beharrlich betrachtet hatte, offenbarte sich ihm der Herr des Universums".

KOMMENTAR zu PEH פ

Bezeichnet mit „P"
Die Nummer 80
Bedeutung: Mund
Die den Anstoß gebende Intelligenz

Zu 2.:
Wie auch schon an anderen Stellen dieser Meditationen erkennbar, sieht der Autor den Prozeß der manifestierten Welt als einen Ablauf an, in dem sich die Lebenskraft spiegelt und selbst erkennt.
Zu 3.:
Dieser Abschnitt bezieht sich auf den 27. Pfad der Weisheit, den Pfad der „aktiven, bzw. den Anstoß gebender Intelligenz", welcher die Sephiroth NETZACH, SIEG und HOD, HERRLICHKEIT, verbindet. Im vierten Abschnitt setzt sich dieses Thema weiter fort.
Zu 5.:
„Zerstörung ist das Fundament für alles Bestehende". Der Buchstabe PEH, als Einzelbuchstabe, weist den gleichen Zahlenwert wie YESOD, I S V D = das „Fundament" auf, nämlich 80. Am Lebensbaum vertritt YESOD die Zeugungsorgane des himmlischen Menschen. So ist bei der Zeugung eines menschlichen, bzw. tierischen Körpers stets eine Zerstörung gegeben und zwar in dem Sinne, daß die männliche Spermazelle das weibliche Ei durchdringt, um dann den Prozeß der Zellteilungen zu verursachen.

Zu 6.:

Das Zitat aus dem 5. Buch Moses 8:3 : „Der Mensch lebt nicht vom Brot allein, sondern von jedem WORT das dem Mund des Herrn entströmt“. Die offizielle theologische Übersetzung hat den Urtext verändert, indem sie den Begriff „Wort“ eingeschoben hat. Im Originaltext finden wir dieses „Wort“ nicht, weshalb uns die Auslegung des Autors treffender und einleuchtender erscheint.

KOMMENTAR zu TZADDI צ

Bezeichnet mit „Tz“
die Nummer 90
Bedeutung: Angelhaken
Die natürliche Intelligenz

Zu 3.:

Der „Angelhaken“ bezieht sich auf den Buchstaben TZADDI, das „Tor“ auf DALETH und die „rechte Hand“ auf YOD. Dieser Teil der Meditation läßt -Buchstabe um Buchstabe- einige der Eigenschaften des Buchstabennamens TZADDI, Tz D I, an uns vorbeiziehen. Der Zahlenwert des Buchstabennamens TZADDI ist 104, was wiederum die Quersumme von 5 ergibt, dem Zahlenwert von HEH, dem Fenster. In dem Maße wie man den Blick vom Schein der äußeren Welt abwendet und das Seelenauge nach innen schauen läßt, erhält man Einblick in das wahre Wesen der Dinge. Es empfiehlt sich diesen Abschnitt mit der gesamten Meditation über HEH zu vergleichen.

Zu 4.:

Dieser Abschnitt bezieht sich auf den 28. Pfad der Weisheit, den Pfad der natürlichen Intelligenz, der die Sephiroth NETZACH und YESOD verbindet. Dieser Pfad wird durch den Buchstaben TZADDI mit der Funktion der Meditation in Verbindung gebracht.

Als wir diese Meditationen zum ersten Mal erhielten, wurde auch folgender Kommentar gegeben:
„Hier begegnen wir einem der tiefsten und entscheidendsten Aussagen der heiligen Wissenschaften, nämlich der, daß das gesamte Universum allein aufgrund der unaufhörlichen Selbstbetrachtung seines Schöpfers bestehen kann. Die Schöpfung ist demnach das Ergebnis der ständigen Meditation des All-Geistes über seine eigenen, ihm innewohnenden Urkräfte. Das Universum verdankt seine Entstehung allein der Denkkraft; und dieses Denken, diese Denkfähigkeit, ist es auch, die es erhält. Der gesamte Aufbau praktischer Esoterik beruht auf dieser Grundaussage. Von daher wird die überragende Bedeutung der Meditationspraxis deutlich."
„Wenn ein Schüler wahrhaft meditiert, nimmt er an der allerschaffenden Macht des Göttlichen teil. Ob nun ein Schüler wahrhaft meditiert hat, kann man wie folgt feststellen: Man läßt ihn für sich herausfinden, ob er in oder mit der Tätigkeit, mit der er vor der Meditation befaßt war, nachher in irgendeiner Weise besser, produktiver umgeht und sie besser entwickelt, als es ohne Meditation der Fall gewesen wäre."
Für den Tarotschüler ist auch der Kommentar bezüglich der Verbindung von TZADDI und dem Schlüssel Nr. 17, dem STERN, von Interesse: „Der Bezug zum Tarot ist der, daß das Universum dem All-Geist in seiner Selbstbetrachtung so erscheint, wie es tatsächlich ist. Niemals hält sich die göttliche Mutter vor ihrem Herrn verborgen. Dem Menschen ist sie jedoch, mit Ausnahme der seltenen Augenblicke, in denen er an der göttlichen Meditation teilnehmen darf, bestenfalls als verschleierte

Isis zugänglich, schlimmstenfalls gar als der Teufel, dem Dämon der Karte Nr. 15.“

Das hebräische Wort DOMAM, D V M M, bedeutet „tiefes Schweigen“ und hat den gleichen Zahlenwert wie der Buchstabe TZADDI, nämlich 90. „Die alles tragende Säule“ ist JAKIN, I K I N, ebenfalls mit dem Zahlenwert 90.

KOMMENTAR zu QOPH ק

Beschreiben mit „Q“
Die Nummer 100
Bedeutung: Hinterkopf
Die physische sichtbare Intelligenz

Zu 1.:
Die alte Darstellung des Buchstaben QOPH ähnelt einem in eine Schnur verknüpften Knoten. ALEPH und TAV bilden den ersten und letzten Buchstaben des hebräischen Alphabets. Die Aussage „ ICH BIN ALEPH und TAV“ kann mit der Aussage in der Apokalypse verglichen werden, wo es vom himmlischen Menschen heißt, er sei Alpha und Omega. Das in der Kabbala so gebräuchliche Akkusativanhängsel Eth, A Th, welches sich aus dem ersten und letzten Buchstaben des Alphabets zusammensetzt, steht auch hier stellvertretend für das gesamte Alphabet und somit für die Göttlichen Kräfte in ihrer Gesamtheit schlechthin.
Zu 2.:
Dieser Abschnitt bezieht sich auf die Bedeutung des Buchstaben QOPH, Q V P, was soviel wie „Hinterkopf“ bedeutet. Unter der Aussage „ ...ein Teil des Kopfes welcher nicht der Kopf selbst“ ist eine kabbalistische Umschreibung für KETHER, die Krone, zu verstehen. KETHER ist wiederum insofern der Kopf, als es den Anfang der 10 Sephiroth darstellt. Es ist aber dennoch kein Kopf, da es sich bei der gebündelten Kraft des end-

losen Lichtes, das sich in KETHER lokalisiert, bereits um die Auswirkung der geheimnisvollen Kraft handelt, die ihren Ursprung in EN SOPH AUR hat. „Das gewaltige Äußere“, bzw. der Makroprosopus ist ein weiterer Name für KETHER. Damit steht QOPH stellvertretend für das strahlende Dunkel, EN SOPH AUR, welches sich hinter der ersten Sephirah, nämlich KETHER, verbirgt.

Zu 3.:

Der Zahlenwert des Buchstaben QOPH beträgt 100, also 10 mal 10, die Dekade in der Multiplikation. „Der Schlüssel zum Geheimnis der Fleischwerdung“ ist wie folgt zu verstehen: Die Unaussprechlichen Sephiroth, die sich in EN SOPH AUR verborgen halten, nehmen in den 10 Sephiroth, die den Lebensbaum bilden, Gestalt an; sie „werden Fleisch“. Dieser Vorgang wird durch die unaufhörliche Selbstbetrachtung -Meditation- der Lebenskraft bewirkt. Die ursprüngliche Kraft der Unaussprechlichen Sephiroth pflanzt sich demnach durch die manifestierten Sephiroth fort, wodurch sich 10 mal 10, also 100 ergibt.

Zu 4.:

Das Schlüsselwort dieses Abschnitts heißt „Stelle, Platz“, nämlich Maquawm, M Q V M und hat den Zahlenwert 186, den gleichen Wert wie der Buchstabenname QOPH, QV P.

Zu 5.:

Der 5. und 6. Paragraph beziehen sich auf den 29. Pfad der Weisheit, auf die sogenannte körperliche Intelligenz, in diesem Fall auf das „Bewußtsein des Körperlichen“. Von diesem Pfad heißt es, daß er „alle Körper in allen Welten formt“, ja, daß er ihre Nachbildung darstellt.

KOMMENTAR zu RESH ר

Beschrieben mit „R"
Die Nummer 200
Bedeutung: Gesicht
Die kollektive Intelligenz

Zu 1:
Der erste Abschnitt wiederholt die verschiedenen Namen für KETHER, die Krone: Resha Ha-Orah, R I Sh A H V V R H = das weiße Haupt; Tath Zal, Th Th Z L, = der unentwegt Schenkende; Nequdah Peshut, N Q D H P Sh V Th = der kleine Punkt und Oliun, O L I V N = das Allerhöchste. Der Schluß dieses Abschnitts bezieht sich auf den 30. Pfad der Weisheit, den Pfad der kollektiven Intelligenz, der RESH zugeschrieben wird und der HOD, den Ruhm oder die Herrlichkeit mit YESOD, dem Fundament, verbindet.
Zu 2.:
ASSIAH ist die untere der vier kabbalistischen Welten. Dieser Teil der Meditation befaßt sich mit der physischen Sonne, die dem Buchstaben RESH zugeordnet ist. Gleichzeitig wird davor gewarnt, nicht die physische Sonne mit der geistigen Sonne zu verwechseln.
Zu 3.:
Dieser Abschnitt erinnert an das große ägyptische Symbol der geflügelten Scheibe. Das Schlüsselwort ist Kanaphim, K N P I M = Flügel und hat den Zahlenwert 200,

den gleichen Wert wie der Buchstabe RESH. Dieser Abschnitt kann mit der rosenkreuzerischen FAMA FRATERNITATIS verglichen werden, deren Schlußworte wie folgt lauten: „Sub umbra alarum tuarum, Jehova“, „Unter dem Schatten Deiner Flügel, Jehova“. In diesem letzten Teil lautet das Schlüsselwort Sheer, Sh I R = ein Lied, mit dem Zahlenwert 510, dem gleichen Wert wie der Buchstabenname RESH, R I Sh. Das Wort Sheer weist die gleichen Buchstaben auf wie RESH, nur in anderer Reihenfolge. Das Wort „Antlitz“ ist eine direkte Anspielung auf den Buchstaben RESH.

KOMMENTAR zu SHIN ש

Bezeichnet mit „Sh"
Die Nummer 300
Bedeutung: Zahn bzw. Fangzahn
Die immerwährende Intelligenz

Zu 1.:
Das Wort „Kreis" wird hier benutzt, weil ein Kreis 360 Grad aufweist und der Zahlenwert des Buchstabennamens SHIN, Sh I N, ebenfalls 360 beträgt. Das Beispiel der „Flamme" wird verwandt, weil das Element Feuer dem Buchstaben SHIN zugeordnet ist. Weiterhin ist zu beachten, daß der Kreis das geometrische Symbol für Auszug und Wiederkehr darstellt.
Zu 2.:
Hier lautet das Schlüsselwort „Fangzahn", als eines der Bedeutungen des Buchstabennamen SHIN.
Zu 3.:
Dieser Abschnitt bezieht sich auf den Zusammenhang des Buchstabennamen SHIN und den Gradeinheiten eines Kreises. Beide weisen die Zahl 360 auf.
Zu 4.:
Dieser Teil bezieht sich auf die äußere Form des Buchstabens SHIN, der mit den drei Zungen einer Flamme verglichen werden kann.
Zu 5.:
Das entscheidende Wort ist hier „Gestaltwerdung", auf

hebräisch „Yetzer, I Tz R“, mit dem Zahlenwert 300, dem Werte von SHIN. „Kafar, K P R“, auf deutsch „Wiedergutmachung, Sühne“, bzw. „verzeihen, löschen, auflösen“, hat ebenfalls den Zahlenwert 300. Der zweite Teil dieses Abschnitts enthält die gleiche Lehre wie die Meditation über ZAIN. Das Große Meer und die Wurzel der Urwässer ist BINAH. CHOKMAH hingegen ist der Vater und somit Wurzel des Feuers.

Zu 6.:

Das Feuer von CHOKMAH hat seinen Ursprung in den ersten Urwirbeln, die in KETHER beginnen und sich entlang dem Pfade ALEPHS, dem RUACH, R V Ch, dem der Lebensatem beigeordnet wird, fortsetzen. Wenn hier vom „Atem des Allmächtigen“ die Rede ist, so wird damit der Elohim RUACH gemeint. RUACH ELOHIM, R V Ch ALHIM, hat mit 300 den gleichen Zahlenwert wie der Buchstabe SHIN. Deshalb wird SHIN auch der „Heilige Buchstabe“ genannt. Als Flamme des Getrenntseins erscheint er, weil „Getrenntsein“ = Pirawd, P I R V D, ebenfalls den Zahlenwert 300 aufweist. In diesem Fall ist die äußere Form des Buchstaben SHIN, der drei züngelnde Flammen aufweist, von Bedeutung.

„Der Erlöser“ ist Ha-Messiah, H M Sh I H, (eine weitere mögliche Schreibweise des allgemein „M Sh I Ch“ geschriebenen Wortes) und weist in der hier vorliegenden Schreibweise den Zahlenwert 300 auf. Das hebräische Rahamim, R O M I M = „Donner“ ergibt den Zahlenwert 360, den gleichen wie der Buchstabenname Sh I N.

Unter dem „zuckenden Blitz“ ist der Abstieg der Sephiroth in die unmittelbare Manifestation zu verstehen; ein Vergleich den Kabbalisten gern gebrauchen, zumal im „Buch der Schöpfung“ wie folgt zu lesen steht: „Zehn unaussprechliche Sephiroth, ihr Erscheinen gleicht dem eines Blitzes, ihr Ziel ist unendlich.“ Durch den Abstieg der Sephiroth scheint sich die Einheit des Geistes in Sichtbares und Unsichtbares zu teilen. Das hebräische Wort für „zwei“ lautet Shenay, Sh N I; wird es jedoch Shani ausgesprochen, bedeutet es „das Zweite“. Dieses Wort setzt sich aus den gleichen Buchstaben zusammen wie SHIN und hat folglich auch den gleichen Zahlenwert. So ist auch der Kreis, den die Summe 360 zahlenmäßig symbolisiert, ein Sinnbild solcher Abgrenzung, nämlich der Abtrennung dessen, was innerhalb des Kreises ist, von dem, was sich in die Unendlichkeit außerhalb des Kreises erstreckt.

KOMMENTAR zu TAV ת

Bezeichnet mit „TAV“
Übertragen als „Th“
Die Nummer 400
Bedeutung: das Zeichen, das Kreuz
Die verwaltende Intelligenz

Zu 1.:
Da TAV der letzte Buchstabe des hebräischen Alphabets ist, symbolisiert er gleichzeitig die Vollendung schlechthin, bzw. das Ende der Manifestation. Der Buchstabenname TAV, Th V, trägt jedoch unterschwellig die Vorstellung dessen, was in dieser Meditation „das Ende, das kein Ende ist“ genannt wird. Der Buchstabe V wird nämlich im Hebräischen auch als Konjunktion „und“ verwandt, sodaß dem Buchstabennamen Th V durch Th einerseits das „Ende“ und andererseits durch V die „Fortdauer, Fortsetzung“ als Bedeutung zukommt.
Zu 2.:
Immer wieder begegnen wir in der Kabbala der Aussage, daß sich die Aktivität des Geistes vierfach offenbart. So ist beispielsweise der Name Gottes, I H V H, aus vier Buchstaben zusammengesetzt, wobei jeder Buchstabe einem der vier Elemente und einer der vier kabbalistischen Welten entspricht. In der Vision Hesekiels finden sich diese vier in den vier Wesen wieder, die er wie folgt beschreibt: „Diese Vier hatten das Gesicht eines

Löwen, eines Adlers, eines Menschen und eines Stieres.“ Damit entsprechen sie den vier Aspekten des Absoluten. Der Löwe wird dem Leben zugeordnet, dem Element des Feuers, der archetypischen Welt von ATZILUTH, dem YOD in I H V H und der Sephirah CHOKMAH, der Wurzel des Feuers. Der Adler entspricht dem Geist, dem Element des Wassers, der schöpferischen Welt BRIAH, dem ersten HEH in I H V H und der Sephirah BINAH, der Wurzel des Wassers. Der Mensch findet seine Entsprechung im dritten Aspekt, der Wahrheit bzw. dem Gesetz, ferner dem Element der Luft, der gestaltannehmenden Welt von YETZIRAH, dem VAV in I H V H und der Sephirah TIPHARETH, welche wiederum der Luft zugeordnet wird. Der Stier wird mit dem vierten Aspekt, der Liebe, in Verbindung gebracht, dem Element der Erde, der materiellen Welt ASSIAH, dem letzten HEH in I H V H und der Sephirah MALKUTH, die ebenfalls der Erde beigestellt wird.

Nach den kabbalistischen Lehren teilt sich die Lebenskraft in die Zehn Lichter der Emanation auf, den 10 Sephiroth. Da jede Sephirah jedoch alle anderen in sich birgt, ergibt sich für jede Welt die Zahl 100, bzw. die Zahl 400 für alle vier Welten. Diese 400 sind gleicherweise auch in den ursprünglichen Zehn, den Unaussprechbaren, Unfaßbaren Sephiroth des noch nicht manifestierten Lebensbaumes enthalten, der in alle Ewigkeit im Unendlichen Licht von EN SOPH AUR besteht.

Die „vierundzwanzig Throne der Urkräfte“ entsprechen den „Thronen der Älteren“, die im ersten Kapitel der Apokalypse erwähnt werden, die bekanntlich von einem tiefen Kenner der Kabbala verfaßt wurde. Die

Zahl 24 ergibt sich aus der Multiplikation der einzelnen Zahlen von 406 (4x6), dem Zahlenwert des Buchstabennamens Th V. Unter den 24 Thronen sind die positiven und negativen Manifestationen der 12 Kräfte der Tierkreiszeichen zu verstehen.

Zu 4.:

Das hebräische Wort Maskil, M Sh K I L, heißt zu deutsch „Unterweisung, Belehrung" und ist einer der Untertitel der Sephirah YESOD = „Fundament, Basis". Es hat den gleichen Zahlenwert wie der Buchstabe TAV, nämlich 400.

Zu 5:

Der Ursprung aller Dinge ist gleichzeitig auch das Ziel allen Suchens. Dieser Ursprung ist das innewohnende wahre Selbst eines jeden Lichtsuchers. Deswegen sagt der Autor: „Wahrlich, Th V, sprich TAV, hält es verborgen; ist Th V doch gleichermaßen ATAH, A Th H". Th V hat den Zahlenwert 406, den Wert von A Th H, welches „DU" bedeutet. ATAH wird zum einen als persönliches Fürwort, nämlich „DU" verwendet, zum anderen als einer der verschiedenen Namen Gottes. Sein erster Buchstabe A steht als Symbol für den Anfang schlechthin. Sein zweiter Th, versinnbildlicht als letzter Buchstabe des Alphabets, das Ende. Der letzte Buchstabe H, HEH, bedeutet „Fenster" und wird der Fähigkeit des Sehens beigestellt.

Somit endet das BUCH DER SIEGEL mit der gleichen Versicherung, die von den Weisen aller Zeiten und aller Glaubensrichtungen in der einen oder anderen Form gemacht wurde, daß nämlich das Kleinod der Ewigkeit, bzw. der Magische Stein der Weisen, der seinem Besitzer das Höchste, die Unsterblichkeit vermittelt, nichts anderes ist, als das innewohnende wahre Selbst eines jeden Menschen. Wer sich von der Täuschung des Anscheins befreit hat, der die Unwissenden glauben läßt, ihre begrenzte, vergängliche Kreatur sei ihr wahres ICH, wer demnach sein wahres Selbst kennt, der hat das Ziel gefunden. Ihn darf man zu Recht einen Herrn des Geheimnisses von Saturn nennen, denn er versteht, was gemeint ist, wenn von Saturn behauptet wird, er verschlinge seine Kinder.

Es ist der tiefe Wunsch all derer, die für das Erscheinen dieses Werkes verantwortlich sind, daß möglichst viele Leser noch in diesem Leben das Geheimnis Saturns zu entschlüsseln lernen und sie dank ihres erweiterten Bewußtseins nicht länger „bloße Menschen“ sind, sondern sich in die Reihe der Unsterblichen einzugliedern vermögen.

MÖGE

DAS WEISSE STRAHLEN

DER HÖCHSTEN KRONE

DICH ERLEUCHTEN,

AUF DASS DU RUHEST

IN FRIEDEN

UNTER DEN FLÜGELN

DES ALLMÄCHTIGEN EINEN,

DESSEN NAMEN

NIEMAND KENNT.

Übungsvorschlag 1

Nimm Dir eine Zeit der aufgeschlossenen Stille und setze Dich dabei entspannt und bequem hin. Du richtest Deine Aufmerksamkeit auf Deinen Atem, Du beobachtest Dich und verbindest Dein Bewußtsein mit Deinem Atem. Du nimmst zehn bewußte Atemzüge durch die Nase, wobei Du nach jedem Einatmen bis sieben zählst, um dann durch den Mund auszuatmen, wobei die Zunge am Gaumendach liegt. Das Ausatmen kann mit einem leichten Zischen erfolgen. Während dieser Übung schaust Du Dir ein zuvor ausgewähltes Tarotbild der Großen Arkana an, das Du für diesen Tag oder diese Woche als Kontemplationsvorlage benutzen willst. Mit einer offenen Einstellung für das eine Leben, verweilst Du im Einswerden mit dem Bild.

Das Bild ist ein Spiegel für Qualitäten und Archetypen, die in Dir sind, und durch das Verweilen mit diesem Bild aktivierst Du die latenten in Dir angelegten Kräfte. Du wirst zum reinen Beobachter – mit offenen oder geschlossenen Augen. Nach dieser stillen meditativen Zeit beendest Du die Übung durch ein lautes (oder auch leises) Lesen der zu dem Bild gehörigen Meditation.

Durch das Aussprechen dieser Meditation mit Deiner Stimme erschaffst Du eine neue Realität Deines Lebens und erschaffst Dir so eine Basis, in genau diese Erfahrung hineinzuwachsen.

Übungsvorschlag 2

Suche einen Ort aus, an dem Du für eine festgelegte Zeit möglichst ungestört bist. Setze Dich bequem hin und bleibe dabei entspannt und wach zugleich. Verbinde Dich mit der Erde und mit dem Himmel. Verbinde dann Dein Bewußtsein mit Deinem Atem und werde Beobachter des ein- und ausströmenden Atems. Betrachte für einige Minuten das Tarotbild aus der großen Arkana, das dem Meditationstext entspricht. Lies dann laut den Text der ausgesuchten Meditation. Bei dem Text handelt es sich um eine Selbstdarstellung des göttlichen Geistes im Menschen. Meditiere über diesen Text. Richte Deine innere Ausrichtung jetzt auf die göttliche ICH BIN-Gegenwart in Dir. Die Meditationen sind ein wirkungsvolles Werkzeug, um negative Muster im Unbewußten aufzulösen. Du kannst diesen Text laut aussprechen in dem Kontext, daß Du Dir damit Deine neue Realität erschaffst.